DSCG 4

Fusion Consolidation

2016/2017

L'essentiel en fiches

DSCG 4

Fusion Consolidation

2016/2017

L'essentiel en fiches

Robert **OBERT**
Agrégé de techniques économiques de gestion
Docteur en sciences de gestion
Diplômé d'expertise comptable

EDITIONS
FRANCIS LEFEBVRE

DUNOD

Collection « Express Expertise comptable »

DCG

- J.-F. Bocquillon, M. Mariage, *Introduction au droit* DCG 1
- L. Siné, *Droit des sociétés* DCG 2
- V. Roy, *Droit social* DCG 3
- E. Disle, J. Saraf, *Droit fiscal* DCG 4
- J. Longatte, P. Vanhove, *Économie* DCG 5
- F. Delahaye-Duprat, J. Delahaye, *Finance d'entreprise* DCG 6
- J.-L. Charron, S. Sépari, *Management* DCG 7
- C. Disle, *Introduction à la comptabilité* DCG 9
- R. Maéso, *Comptabilité approfondie* DCG 10
- M. Leroy, *Contrôle de gestion* DCG 11
- F. Cazenave, *Anglais* DCG 12

DSCG

- H. Jahier, V. Roy, *Gestion juridique, fiscale et sociale*, DSCG 1
- P. Barneto, G. Gregorio, *Finance* DSCG 2
- S. Sépari, G. Solle, *Management et contrôle de gestion*, DSCG 3
- R. Obert, *Fusion Consolidation*, DSCG 4

5 rue Laromiguière 75005 Paris
www.dunod.com
ISBN 978-2-10-074628-6

Table des matières

1. Opérations de fusion

2. Comptes consolidés

Regroupements d'entreprises : formes, cadre réglementaire et légal 1

PRINCIPES CLÉS

- La notion de regroupement d'entreprises, telle qu'elle est définie par la norme IFRS 3 de l'IASB (« comme une transaction ou tout autre événement au cours duquel un acquéreur obtient le contrôle d'une ou plusieurs entreprises ») peut couvrir une pluralité de situations.
  Cette opération peut se réaliser soit en transférant les actifs et passifs d'une activité, soit en transférant les titres d'une société dans laquelle l'activité s'exerce.
- Le transfert des actifs et des passifs d'une activité peut s'effectuer par la vente, mais le plus souvent elle fait l'objet d'une opération de fusion (fusion création ou fusion absorption), d'apport partiel d'actif ou de scission.
- Le transfert de titres n'implique pas un changement de structure juridique semblable à celui engendré par une fusion ou une opération assimilée, mais implique, si l'entité acquéreuse a pris notamment le contrôle de l'entité acquise, l'établissement de comptes de groupe (ou comptes consolidés) afin de fournir à l'investisseur une information semblable à celle qui aurait été fournie en cas d'absorption de la société dans laquelle l'activité acquise s'exerce.
- Sur le plan comptable, les opérations de fusion et assimilées (apport partiel d'actif et scission) concernent les comptes sociaux des sociétés concernées. C'est le Plan comptable général qui est applicable. Pour ce qui concerne les prises de contrôle par le biais d'acquisitions de titres, deux référentiels sont applicables : si l'entité acquéreuse fait appel public à l'épargne sur un marché réglementé, elle doit présenter ses comptes consolidés conformément aux normes comptables internationales (normes IFRS) telles qu'elles ont été approuvées par l'Union européenne. Si elle ne fait pas appel public à l'épargne, elle peut, conformément à l'article L. 233-24 du Code de commerce, soit opter pour l'utilisation des normes IFRS, soit utiliser les règles nationales (Code de commerce, articles L. 233-16 à L. 233-28, R. 233-3 à R. 233-16 ; règlement 99-02 du Comité de la réglementation comptable).

1 Définitions

- Une fusion est une opération dans laquelle plusieurs sociétés transmettent leur patrimoine à une société existante ou à une nouvelle société qu'elles constituent (art. L. 236-1 al. 1 du Code de commerce).
- Une scission est une opération dans laquelle le patrimoine d'une société est transmis, soit à deux ou plusieurs sociétés existantes, soit à deux ou plusieurs sociétés nouvelles (art. L. 236-1 al. 2 du Code de commerce).
- Un apport partiel d'actif est une opération par laquelle une société fait apport à une autre société (nouvelle ou déjà créée) d'une partie de ses éléments d'actif et reçoit, en échange, des titres émis par la société bénéficiaire des apports.
- La transmission universelle du patrimoine (ou TUP), régie par l'article 1844-5 du Code civil, est la réunion de toutes les parts sociales d'une société en une seule main. Dans ce cas, la société mère peut dissoudre sa filiale.
- Les comptes consolidés (ou comptes de groupe) sont des états financiers (bilan, compte de résultat, notes annexes...) permettant de donner une image de l'ensemble constitué par une société mère, ses filiales et participations.
- Les comptes combinés sont des états financiers établis par des entités qui constituent un ensemble, mais dont la cohésion ne résulte pas de liens de participation (et qui ne sont pas de ce fait, en mesure d'établir des comptes consolidés), qui désirent des comptes comme s'il s'agissait d'une entité économique unique.

2 Règles comptables applicables dans le cadre de fusions ou d'opérations assimilées (scissions, apports partiels d'actif, transmission universelle du patrimoine)

Dans les comptes individuels, la comptabilisation des opérations et opérations assimilées rémunérées par des titres et retracées par un traité d'apport est régie par le Plan comptable général (règlement 2014-03 de l'ANC, modifié par le règlement 2015-06, art. 710-1 à 780-1). Ces dispositions concernent les modalités d'évaluation des apports et non pas celles retenues pour le calcul des parités. Selon le PCG, les apports sont évalués à la valeur comptable ou à la valeur réelle, selon la situation de contrôle au moment de l'opération et le sens de l'opération.

a. Analyse de la situation de contrôle au moment de l'opération

Pour chaque opération (qui ne peut concerner que des personnes morales), il convient de déterminer s'il s'agit :

- d'opérations impliquant des sociétés sous contrôle commun, *i.e.* une des sociétés participant à l'opération contrôle préalablement l'autre ou les deux sociétés sont préalablement sous le contrôle d'une même société-mère ;

– d'opérations impliquant des sociétés sous contrôle distinct, *i.e.* aucune des sociétés participant à l'opération ne contrôle préalablement l'autre ou ces sociétés ne sont pas préalablement sous le contrôle d'une même société-mère.

La notion de contrôle d'une société est définie au § 1002 du règlement n° 99-02 du CRC relatif aux comptes consolidés des sociétés commerciales et entreprises publiques : « le contrôle exclusif est le pouvoir de diriger les politiques financière et opérationnelle d'une entreprise afin de tirer avantage de ses activités » (*voir fiche 11*).

b. Détermination du sens des opérations

- Dans une fusion à l'endroit :
  - la cible est la société absorbée ;
  - l'initiatrice est la société absorbante ou l'une de ses filiales.
- Dans un apport à l'endroit :
  - la cible est la société dont une branche d'activité est apportée ;
  - l'initiatrice est la société bénéficiaire des apports ou l'une de ses filiales.
- Dans une fusion à l'envers :
  - la cible est la société absorbante ;
  - l'initiatrice est la société absorbée ou sa société mère.
- Dans un apport à l'envers :
  - la cible est la société bénéficiaire des apports ;
  - l'initiatrice est la société apporteuse ou sa société mère.

c. Principe de détermination de la valeur d'apport

Les apports sont évalués comme suit en fonction de la situation de la société absorbante ou de la société bénéficiaire des apports et de l'existence ou non d'un contrôle commun entre les sociétés participant à l'opération.

Principes de détermination de la valeur d'apport

Valorisation des apports Notion de contrôle	Valeur comptable	Valeur réelle
Opérations impliquant des sociétés sous contrôle commun – opérations à l'endroit – opérations à l'envers	 X X	
Opérations impliquant des sociétés sous contrôle distinct – opérations à l'envers – opérations à l'endroit	 X	 X

3 Règles comptables applicables dans le cadre de l'établissement de comptes consolidés

a. Directive du parlement européen et du conseil 2013/34 du 26 juin 2013 relative aux états financiers annuels, aux états financiers consolidés et aux rapports y afférents de certaines formes d'entreprise

Cette directive, applicable à compter du 1er janvier 2016, a remplacé la quatrième directive du 25 juillet 1978 relative aux comptes annuels de certaines formes de sociétés et la septième directive du 13 juin 1983 relative aux comptes consolidés.

Elle précise (articles 3 et 21 à 29) :

- le champ d'application des états financiers consolidés et rapports consolidés : types de sociétés consolidables, taille des sociétés consolidables, nature des relations entre les sociétés consolidables ;
- l'obligation d'établir des états financiers consolidés et les exemptions de consolidation ;
- les modes d'établissement des comptes consolidés : intégration globale, intégration proportionnelle, mise en équivalence ;
- le contenu de l'annexe aux états financiers consolidés ;
- le contenu du rapport consolidé de gestion qui doit accompagner les comptes.

b. Articles L. 233-16 à L. 233-28 du Code de commerce

Ces articles (modifiés par l'ordonnance 2015-900 du 23 juillet 2015 relative aux obligations comptables des commerçants) précisent :

- que les sociétés doivent présenter des comptes consolidés et un rapport sur la gestion du groupe dès lors qu'elles contrôlent de manière exclusive ou conjointe une ou plusieurs autres entreprises ;
- que sont comprises dans la consolidation les filiales ou participations contrôlées de manière exclusive ou conjointe ou sur lesquelles est exercée une influence notable ;
- ce que l'on entend par contrôle exclusif, contrôle conjoint, influence notable ;
- les méthodes de consolidation utilisables : intégration globale, intégration proportionnelle, mise en équivalence ;
- les cas où une filiale ou une participation peuvent être laissées en dehors de la consolidation ;
- le contenu général des comptes consolidés : bilan, compte de résultat, annexe, et leurs qualités recherchées : régularité, sincérité, image fidèle ;
- les règles générales d'évaluation des éléments consolidés ;
- le contenu du rapport de gestion ;
- l'obligation de contrôle par les commissaires aux comptes.

c. Articles R. 233-3 à R. 233-16 du Code de commerce

Ces articles (modifiés par le décret 2015-903 du 23 juillet 2015 relatif aux obligations comptables des commerçants) analysent les méthodes applicables à la consolidation (intégration globale, intégration proportionnelle, mise en équivalence, écart de première consolidation, impositions différées, etc.). Ils présentent la structure générale du bilan consolidé, du compte de résultat consolidé et de l'annexe (dont les contenus détaillés font l'objet d'un règlement de l'Autorité des normes comptables), et indiquent les seuils d'exemption d'établissement et de publication des comptes consolidés (voir *Fiche 11* p. 77).

d. Le règlement 99-02 du CRC du 29 avril 1999 relatif aux comptes consolidés des sociétés commerciales et des entreprises publiques (ou RRCC)

Ce règlement détaille les dispositions énoncées par les articles L. 233-16 à L. 233-28 et R. 233-3 à R. 233-16 du Code de commerce.

Le règlement 99-02 du CRC comporte les sections suivantes :

1. Périmètre et méthodes de consolidation ;
2. Règles de consolidation ;
   - l'intégration globale ;
   - l'intégration proportionnelle ;
   - la mise en équivalence ;
3. Méthodes d'évaluation et de présentation ;
4. Documents de synthèse consolidés ;
5. Première année d'application ;
6. Combinaison.

e. Le règlement européen CE 1606/2002 du 19 juillet 2002 sur l'application des normes comptables internationales

L'article 4 du règlement européen pour l'application des normes comptables internationales prévoit notamment que « pour chaque exercice commençant le 1er janvier 2005 ou après cette date, les sociétés régies par le droit national d'un État membre sont tenues de préparer leurs comptes consolidés conformément aux normes comptables internationales adoptées dans le cadre de la procédure prévue à l'article 6 si, à la date de clôture de leur bilan, leurs titres sont admis à la négociation sur le marché réglementé d'un État membre ».

L'article 5 du règlement permet aux États membres d'autoriser les sociétés autres que celles visées à l'article 4 d'établir leurs comptes consolidés conformément aux normes comptables internationales.

Liste des normes comptables internationales IFRS applicables au 31 décembre 2015

N° norme	Objet de la norme
IAS 1	Présentation des états financiers
IAS 2	Stocks
IAS 7	États des flux de trésorerie
IAS 8	Changements de méthodes comptables, changements d'estimation et erreurs
IAS 10	Événements survenant à la fin de la période de reporting
IAS 11	Contrats de construction
IAS 12	Impôts sur le résultat
IAS 16	Immobilisations corporelles
IAS 17	Contrats de location
IAS 18	Revenus des activités ordinaires
IAS 19	Avantages du personnel
IAS 20	Comptabilisation des subventions publiques et informations à fournir sur l'aide publique
IAS 21	Effets des variations des cours des monnaies étrangères
IAS 23	Coûts d'emprunt
IAS 24	Informations relatives aux parties liées
IAS 26	Comptabilité et rapports financiers des régimes de retraite
IAS 27	États financiers individuels
IAS 28	Participations dans des entités associées et des coentreprises
IAS 29	Information financière dans les économies hyper inflationnistes
IAS 32	Instruments financiers : présentation
IAS 33	Résultat par action
IAS 34	Information financière intermédiaire
IAS 36	Dépréciation d'actifs
IAS 37	Provisions, passifs éventuels et actifs éventuels
IAS 38	Immobilisations incorporelles
IAS 39	Instruments financiers : comptabilisation et évaluation
IAS 40	Immeubles de placement
IAS 41	Agriculture
IFRS 1	Première adoption des normes internationales d'information financière
IFRS 2	Paiement fondé sur des actions

●●●

N° norme	Objet de la norme
IFRS 3	Regroupements d'entreprises
IFRS 4	Contrats d'assurance
IFRS 5	Actifs non courants détenus en vue de la vente et activités abandonnées
IFRS 6	Exploration et évaluation des ressources minérales
IFRS 7	Instruments financiers : informations à fournir
IFRS 8	Secteurs opérationnels
IFRS 9	Instruments financiers (1)
IFRS 10	États financiers consolidés
IFRS 11	Partenariats
IFRS 12	Informations à fournir sur les entités détenues par d'autres entités
IFRS 13	Évaluation à la juste valeur
IFRS 14	Comptes de report réglementaires
IFRS 15	Produits provenant de contrats avec les clients (2)

(1) Remplace IAS 39 à compter de 2018.
(2) Remplace IAS 11 et IAS 18 à compter de 2018.

Application

Vous êtes appelé(e) à répondre à un questionnaire à choix multiples composé de cinq questions à réponse unique (sur les trois assertions proposées à chaque fois, une seule est exacte).

Question 1

Un regroupement d'entreprises est :

a. une opération dans laquelle plusieurs sociétés transmettent leur patrimoine à une société existante ou à une nouvelle société qu'elles constituent

b. une transaction ou tout autre événement au cours duquel un acquéreur obtient le contrôle d'une ou plusieurs entreprises

c. une opération par laquelle une entité prend le contrôle d'une filiale

Question 2

Pour l'établissement des comptes individuels (ou sociaux), les règles applicables en France sont :

a. la norme IFRS 3

b. le règlement 99-02 du CRC (Comité de la réglementation comptable)

c. le règlement 2014-03 de l'ANC (Autorité des normes comptables)

Question 3
Pour l'établissement en France des comptes consolidés faisant appel public à l'épargne sur un marché réglementé, les règles applicables sont :
a. les normes comptables internationales
b. le règlement 99-02 du CRC
c. le règlement 2014-03 de l'ANC.

Question 4
Dans une fusion dite à l'envers concernant deux sociétés sous contrôle distinct, comment doivent être évalués les apports :
a. à la valeur comptable
b. à la valeur réelle
c. à la juste valeur

Question 5
Pour l'établissement des comptes consolidés des sociétés françaises cotées au compartiment B d'Euronext, les normes comptables applicables :
a. les normes IAS 28, IFRS 3, IFRS 10, IFRS 11 et IFRS 12
b. toutes les normes IFRS
c. les normes IFRS qui ont été approuvées par l'Union européenne

Corrigé

Question 1
Réponse *b*. La réponse *a* correspond à la définition d'une fusion (une fusion est un regroupement d'entreprises, mais il existe d'autres formes de regroupements). La réponse *c* correspond à une prise de participation (qui impliquera l'établissement de comptes consolidés).

Question 2
Réponse *c*. Le règlement 2014-03 de l'ANC correspond au Plan comptable général (PCG). Seul le PCG est applicable en France aux comptes individuels (ou sociaux). Le règlement 99-02 concerne les comptes consolidés ; la norme internationale IFRS 3 relative aux regroupements d'entreprises n'est applicable qu'aux comptes consolidés des entités faisant appel public à l'épargne et de celles ne faisant pas appel public à l'épargne mais ayant opté pour une application des normes comptables internationales.

Question 3
Réponse *a*. Conformément à l'article 4 du règlement européen 1606/2002 du 19 juillet 2002 sur l'application des normes comptables internationales, « pour chaque exercice commençant le 1er janvier 2005 ou après cette date, les sociétés régies par le droit national d'un État membre sont tenues de préparer leurs comptes consolidés conformément aux normes comptables internationales adoptées dans le cadre de la procédure prévue à l'article 6 si, à la date de clôture de leur bilan, leurs titres sont admis à la négociation sur le marché réglementé d'un État membre ».

Question 4
Réponse *a*. Les apports doivent être évalués à la valeur comptable, même si les deux sociétés sont sous contrôle distinct. Dans le cas d'une fusion à l'endroit de deux sociétés sous contrôle distinct, les apports sont évalués à la valeur réelle. La juste valeur est une notion propre aux IFRS qui la définissent comme « le prix qui serait perçu à l'occasion de la vente d'un actif ou le prix qui serait payé pour transférer un passif, dans le cadre d'une opération conclue à des conditions normales entre des intervenants de marché, à la date d'évaluation ».

Question 5

Réponse *c*. Euronext est l'organisme de cotation des bourses de Paris, Amsterdam, Bruxelles et Lisbonne. À Paris, selon la taille de leur capitalisation, les entités cotées au marché réglementé sont classées en trois compartiments : A, B, et C.

Les sociétés faisant appel public à l'épargne sur un marché réglementé doivent préparer leurs comptes consolidés conformément aux normes comptables internationales adoptées par la Commission européenne. Certaines normes IFRS (ou dispositions de normes) pourraient ne pas être adoptées par la Commission européenne ; dans ce cas, elles ne seraient pas applicables (il n'y en a aucune actuellement).

Les normes IAS 28, IFRS 10, 11 et 12 concernent l'établissement des comptes consolidés et la valorisation des participations dans les entités associées et les co-entreprises. La norme IFRS 3 concerne les regroupements d'entreprises. Toutes les normes IFRS sont applicables et non simplement quelques-unes.

2 Fusion : aspects juridiques

PRINCIPES CLÉS

Les opérations de fusions (ou de scissions) sont décidées, par chacune des sociétés intéressées, dans les conditions requises pour la modification de ses statuts. Si l'opération comporte la création de sociétés nouvelles, chacune de celles-ci est constituée selon les règles propres à la forme de société adoptée. Dans le cadre des sociétés anonymes, la fusion est décidée par l'assemblée générale extraordinaire de chacune des sociétés qui participent à l'opération.

1 Calendrier de fusion

On peut considérer que les opérations nécessaires pour réaliser une fusion-absorption (la plus courante des opérations de fusions) comprend principalement les cinq phases suivantes : phase préparatoire, approbation du projet de fusion, publicité du projet de fusion, approbation et réalisation de la fusion, enregistrement et publicité de la fusion.

Formalités essentielles

(1) Phase préparatoire	• Études préalables (financières, juridiques, fiscales, sociales…) et établissement d'un avant-projet avec évaluations et parité envisagées. • Requête auprès du président du tribunal de commerce en vue de la nomination d'un (ou de plusieurs) commissaires à la fusion. • Préparation des documents à soumettre aux conseils d'administration des sociétés absorbante et absorbée. • Consultation des comités d'entreprises. • Rédaction du projet de fusion.
(2) Approbation du projet de fusion	• Convocation des conseils d'administration (ou directoires) des sociétés concernées par la fusion. • Réunion des conseils d'administration et approbation du projet de fusion.

•••

(3) Publicité du projet de fusion	• Dépôt au greffe du tribunal de commerce du lieu du siège social des sociétés absorbante et absorbée. • Insertion d'un avis par chacune des sociétés participantes au Bulletin officiel des annonces civiles et commerciales (BODACC) ou sur le site internet de chaque société participant à l'opération. • Insertion d'un avis au BALO si l'une des deux sociétés fait appel publiquement à l'épargne. • Communication du projet au commissaire à la fusion. • Communication du projet à l'AMF (sociétés faisant appel public à l'épargne).
(4) Approbation du projet de fusion	• Avis publié au BALO indiquant notamment les projets de résolution (pour les sociétés faisant appel public à l'épargne). • Communication à l'AMF du rapport du commissaire à la fusion. • Convocation aux assemblées générales extraordinaires des sociétés absorbante et absorbée des actionnaires et du commissaire aux comptes. • Dépôt au siège social et mise à disposition des actionnaires et du comité d'entreprise des documents d'information. • Dépôt au siège social de chaque société du rapport du commissaire à la fusion. • Dépôt au siège social de la société absorbante du rapport du commissaire à la fusion sur les apports en nature. • Réunion de l'assemblée générale extraordinaire de la société absorbante et de la société absorbée.
(5) Enregistrement et publicité de la fusion	• Enregistrement de la convention de fusion, des procès verbaux des assemblées et du rapport du commissaire à la fusion sur les apports en nature. • Publication dans un journal d'annonces légales. • Dépôt au greffe du tribunal de commerce de la société absorbante. • Dépôt au greffe du tribunal de commerce de la société absorbée du procès verbal de l'assemblée. • Inscription modificative au registre du commerce et des sociétés des sociétés absorbante et absorbée. • Insertion au bulletin officiel des annonces civiles et commerciales (BODACC). • Déclaration auprès des Centres des Impôts.

2 Contenu du projet de fusion

Le projet de fusion doit contenir les informations minimales suivantes (art. R. 236-1 du Code de commerce) :

1. La forme, la dénomination et le siège social de toutes les sociétés participantes.
2. Les motifs, buts et conditions de la fusion.
3. La désignation et l'évaluation de l'actif et du passif dont la transmission aux sociétés absorbantes ou nouvelles est prévue.
4. Les modalités de remises des parts ou actions et la date à partir de laquelle ces parts ou actions donnent droit aux bénéfices, ainsi que toute modalité particulière relative à ce droit, et la date à partir de laquelle les opérations de la société absorbée

seront, du point de vue comptable considérées comme accomplies par la ou les sociétés bénéficiaires des apports.
5. Les dates auxquelles ont été arrêtés les comptes des sociétés intéressées utilisées pour établir les conditions de l'opération.
6. Le rapport d'échange des droits sociaux et, le cas échéant, le montant de la soulte.
7. Le montant prévu de la prime de fusion.
8. Les droits accordés aux associés ayant des droits spéciaux et aux porteurs de titres autres que des actions ainsi que, le cas échéant, tous avantages particuliers.

3 Rôle du commissaire à la fusion

En cas de fusion de sociétés et selon l'article L. 236-10 du Code de commerce, un ou plusieurs commissaires à la fusion établissent sous leur responsabilité un rapport écrit sur les modalités de la fusion. En outre, ils doivent apprécier sous leur responsabilité la valeur des apports en nature et les avantages particuliers. Ils doivent vérifier également que les valeurs relatives attribuées aux actions des sociétés participant à l'opération sont pertinentes et que le rapport d'échange est équitable. Ils doivent également établir un rapport appréciant la valeur des apports en nature.

4 Droit des tiers à la fusion

Les opérations de fusion ont pour caractéristique la transmission universelle du patrimoine de la société qui disparaît au profit des sociétés existantes ou nouvelles qui le recueillent.

5 Effets sociaux de la fusion

La fusion n'entraîne pas l'interruption des contrats de travail : en effet selon l'article L. 1224.1 du Code du travail, en cas de fusion, tous les contrats en cours au jour de l'opération subsistent entre le nouvel employeur et le personnel de l'entreprise.

6 Fusion simplifiée

Lorsque (art. L 236-11 du Code de commerce), entre la date du dépôt au greffe du tribunal de commerce du projet de fusion et la date de réalisation de l'opération, la société absorbante détient en permanence la totalité du capital de(s) la société(s) absorbée(s), il n'y a lieu ni à approbation de la fusion par l'assemblée générale extraordinaire des sociétés participant à l'opération, ni à l'établissement des rapports du conseil d'administration ou du directoire et du commissaire à la fusion et aux apports.

Application

Vous êtes appelé(e) à réaliser la fusion de la société Oreste et de la société Raoul. La société Oreste est propriétaire de 60 % du capital et des droits de vote de la société Raoul. Ces deux sociétés emploient respectivement 100 et 80 salariés.

1. **Indiquer si la société Oreste et le société Raoul doivent consulter leur comités d'entreprise préalablement à la fusion.**
2. **Indiquer comment doit être évalué l'actif et le passif dont la transmission à la société absorbante Oreste.**
3. **Présenter quels sont les ordres du jour qu'il faudra rédiger pour la réunion des deux assemblées générales.**
4. **Préciser quel doit être le contenu du rapport du commissaire à la fusion.**

Corrigé

1. Consultation du comité d'entreprise

Le comité d'entreprise doit être obligatoirement informé et consulté sur tout projet de restructuration et de compression des effectifs ; il doit émettre un avis sur ledit projet et les modalités d'application (Code du travail, art. L.2323-31).

Chacune des sociétés concernées doit préalablement à la réunion du conseil d'administration ou du directoire appelée à arrêter définitivement le projet de fusion (ou de scission) consulter le comité d'entreprise.

Le comité doit disposer d'informations précises et écrites et d'un délai d'examen suffisant (Code du travail art. L.2323-4).

2. Valeur des apports

L'Autorité des normes comptables (PCG art. 720-1 et 743-1) ne retient pour les fusions qu'une seule méthode de comptabilisation, différente selon que les opérations sont réalisées entre entités sous contrôle commun ou sous contrôle distinct.

Pour les opérations sous contrôle commun, ce qui est le cas pour les sociétés Oreste et Raoul puisque la société Oreste possède 60 % des droits de vote de la société Raoul et en assume ainsi le contrôle, les apports effectués doivent être réalisés aux valeurs nettes comptables.

Comme les apports sont inscrits dans les comptes de la société bénéficiaire pour les valeurs figurant dans le traité d'apport (projet de fusion), il est nécessaire que l'actif et le passif apportés soit évalués à la valeur comptable dans le projet de fusion.

3. Ordre du jour des assemblées générales

a) Assemblée générale extraordinaire de la société absorbante

- Rapport du conseil d'administration (ou du directoire).
- Constatation de la réalisation de l'augmentation de capital, du caractère définitif de la fusion et de la dissolution de la société absorbée.
- Modification des statuts.

b) Assemblée générale extraordinaire de la société absorbée

- Rapport du conseil d'administration (ou du directoire).
- Approbation de la fusion.
- Dissolution (sous condition suspensive de vote positif conforme dans la société absorbante).

4. Contenu du rapport du commissaire à la fusion

Dans son rapport, le commissaire à la fusion doit indiquer la ou les méthodes suivies pour la détermination du rapport d'échange proposé, indiquer si cette ou ces méthodes sont adéquates en l'espèce et mentionner les valeurs auxquelles chacune de ces méthodes conduit et préciser en outre les difficultés particulières d'évaluation s'il en existe.

Fusion : aspects fiscaux 3

PRINCIPES CLÉS

En vue d'encourager les restructurations d'entreprises, un régime d'exonération et de sursis d'imposition a été institué pour les fusions de sociétés passibles de l'impôt sur les sociétés.
Ce régime, prévu par l'article 210 A du Code général des impôts repose sur l'idée que la fusion est une opération intercalaire et que la société absorbante continue simplement la société absorbée, avec toutefois des limitations au transfert des déficits.
Ce régime spécial est optionnel et les sociétés peuvent y renoncer si elles estiment que le régime de droit commun (dans lequel les plus-values de réalisation des éléments d'actif sont immédiatement imposables, mais peuvent venir se compenser avec des déficits reportables) leur est plus favorable.

1 Le régime de faveur des fusions

- Dans le cadre du régime spécial des fusions de l'article 210 A du CGI, les plus-values nettes et les profits dégagés sur l'ensemble des éléments d'actif apportés du fait d'une fusion ne sont pas soumis à l'impôt sur les sociétés. Il en est de même de la plus-value éventuellement dégagée par la société absorbante lors de l'annulation des actions ou parts de son propre capital qu'elle reçoit ou qui correspondent à ses droits dans la société absorbée.
- L'impôt sur les sociétés n'est applicable aux provisions figurant au bilan de la société absorbée que si elles deviennent sans objet.
- L'application de ces dispositions est subordonnée à la condition que la société absorbante s'engage, dans l'acte de fusion, à respecter les prescriptions suivantes :

  a) elle doit reprendre à son passif :
  - d'une part, les provisions dont l'imposition est différée ;
  - d'autre part, la réserve spéciale où la société absorbée a porté les plus-values à long terme soumises antérieurement au taux réduit, ainsi que la réserve où ont été portées les provisions pour fluctuation des cours ;

b) elle doit se substituer à la société absorbée pour la réintégration des résultats dont la prise en compte avait été différée pour l'imposition de cette dernière ;
c) elle doit calculer les plus-values réalisées ultérieurement à l'occasion de la cession des immobilisations non amortissables qui lui sont apportées d'après la valeur qu'elles avaient, du point de vue fiscal, dans les écritures de la société absorbée ;
d) elle doit réintégrer dans ses bénéfices imposables des exercices à venir en fonction des amortissements les plus-values dégagées lors de l'apport des biens amortissables ;
e) elle doit inscrire à son bilan les éléments autres que les immobilisations pour la valeur qu'ils avaient, du point de vue fiscal, dans les écritures de la société absorbée. À défaut, elle doit comprendre dans ses résultats de l'exercice au cours duquel intervient l'opération, le profit correspondant à la différence entre la nouvelle valeur de ces éléments et la valeur qu'ils avaient, du point de vue fiscal, dans les écritures de la société absorbée.

2 Fiscalité du mali technique

L'inscription à l'actif de la société absorbante du mali technique de fusion consécutif à l'annulation des titres de la société absorbée ne peut donner lieu à aucune déduction ultérieure.

3 Réintégration dans les bénéfices imposables des plus-values dégagées lors de l'apport de biens amortissables

- La réintégration des plus-values est effectuée par parts égales sur une période de quinze ans pour les constructions et les droits qui se rapportent à des constructions ainsi que pour les plantations et les agencements et aménagements des terrains amortissables sur une période au moins égale à cette durée ; dans les autres cas, la réintégration s'effectue par parts égales sur une période de cinq ans. Lorsque le total des plus-values nettes sur les constructions, les plantations et les agencements et aménagements des terrains excède 90 % de la plus-value nette globale sur éléments amortissables, la réintégration des plus-values afférentes aux constructions, aux plantations et aux agencements et aménagements des terrains est effectuée par parts égales sur une période égale à la durée moyenne pondérée d'amortissement de ces biens.
- Toutefois, la cession d'un bien amortissable entraîne l'imposition immédiate de la fraction de la plus-value afférente à ce bien qui n'a pas encore été réintégrée. En contrepartie, les amortissements et les plus-values ultérieurs afférents aux éléments amortissables sont calculés d'après la valeur qui leur a été attribuée lors de l'apport.

4 Crédit-bail

Les droits afférents à un contrat de crédit-bail sont assimilés à des éléments de l'actif immobilisé, amortissables ou non amortissables. En cas de cession ultérieure de ces droits qui sont assimilés à des éléments non amortissables ou de cession du terrain, la plus-value est calculée d'après la valeur que ces droits avaient, du point de vue fiscal, dans les écritures de la société absorbée.

5 Titres

Les titres du portefeuille dont le résultat de cession est exclu du régime des plus ou moins-values à long terme sont assimilés à des éléments de l'actif immobilisé. En cas de cession ultérieure des ces titres, la plus-value est calculée d'après la valeur que ces titres avaient, du point de vue fiscal, dans les écritures de la société absorbée.

Application

En avril N, le président de la société anonyme Grégoire sollicite votre concours afin de réaliser une opération de restructuration industrielle.

Son plan consisterait en une fusion-absorption par la société Grégoire de la société anonyme Rosalie.

Le projet prévoit une rétroactivité des apports au 1er janvier N. Le bilan de la société Rosalie vous est fourni en annexe (annexe 1) ainsi que les valeurs réelles des actifs et passifs de la société Rosalie (si ces valeurs sont différentes des valeurs comptables) (annexe 2).

1. **Déterminer les plus-values fiscales relatives à l'actif immobilisé de la société Rosalie. Déterminer le montant de la fiscalité qui pourra être reprise par la société Grégoire, le régime de faveur étant appliqué. On prendra un taux de 33 1/3 %.**

2. **Indiquer quel montant devra être repris chaque année par la société Grégoire, les amortissements dérogatoires ne concernant que les matériels.**

3. **L'apport a été réalisé en valeurs réelles. L'une des installations techniques apportée pour 145 000 € (elle était inscrite pour 100 000 € dans l'actif de la société Rosalie et n'a pas fait l'objet d'amortissements dérogatoires) le 1er janvier N est cédée le 30 juin N+1 pour 120 000 € hors taxes. Cette immobilisation est amortie en linéaire sur cinq ans par la société absorbante. Déterminer les conséquences fiscales de cette opération au regard du régime d'imposition des plus-values.**

4. Que se passe-t-il si une société absorbante est dans l'impossibilité de reconstituer les provisions réglementées de la société absorbée l'année de la fusion ?

5. Supposons que les stocks ont une valeur d'usage de 2 100 000 € (cette indication n'est à utiliser que pour cette question). L'apport sur le stock fait donc apparaître un profit net. Étudier les deux cas suivants :
a) la société absorbante inscrit à son bilan le stock pour une valeur de 2 000 000 € ;
b) la société absorbante inscrit à son bilan le stock pour une valeur de 2 100 000 €.

Annexe 1 : Bilan de la société Rosalie au 1er janvier N (en milliers d'euros)

Frais d'établissement	150	Capital social	2 000
Fonds de commerce	300	Réserves	1 600
Terrains	500	Résultat	200
Constructions	3 000	Provision pour HP	90
Matériels	1 000	Provision pour investis.	60
Autres immobilisat. corp.	200	Amortissements dérogat.	330
Immobilisations financ.	100		4 280
Stocks et en cours	2 000	Provisions pour risques	300
Créances clients	1 200	Dettes	4 400
Autres créances	400	Écart de convers. passif	20
Disponibilités	100		
Écart de convers. actif	50		
	9 000		9 000

Annexe 2 : Valeurs réelles des apports de la société Rosalie (en milliers d'euros)

• Fonds de commerce :	500
• Terrains :	800
• Constructions :	3 600
• Matériels :	1 300
• Autres immobilisations corporelles :	380

Remarque : les écarts de conversion actif ont été provisionnés en totalité.

Corrigé

1. Plus-values constatées et impôt

Tableau des plus-values fiscales réalisées sur l'actif immobilisé de la société Rosalie

	Valeurs comptables	Valeurs réelles	Plus-values
Fonds de commerce	300 000	500 000	200 000
Terrains	500 000	800 000	300 000
Constructions	3 000 000	3 600 000	600 000
Matériels	1 000 000	1 300 000	300 000
Autres immobilisations	200 000	380 000	180 000
Total	5 000 000	6 580 000	1 580 000

Si le régime de faveur est appliqué, ne seront imposés (de manière différée) que les plus-values sur :

– les constructions :	600 000
– les matériels :	300 000
– les autres immobilisations :	180 000
	1 080 000
auxquelles il faudra rajouter :	
– les amortissements dérogatoires :	330 000
	1 410 000

Les frais d'établissement non amortis, soit 150 000 €, pourront être déduits du résultat fiscal.
Le résultat fiscal résultant de la fusion est donc de : 1 410 000 – 150 000 = 1 260 000, ce qui correspond à un impôt de 1 260 000 × 33 1/3 % = 420 000 € (qui pourra être étalé sur plusieurs années).

2. Montant devant être repris chaque année

Conformément à l'article 210 A (al. 3 d) du CGI, la réintégration des plus-values est effectuée par parts égales sur une période de 15 ans pour les constructions et droits assimilés et sur une période 5 ans dans les autres cas.
La durée de réintégration égale à la durée moyenne d'amortissement des biens n'est pas applicable puisque la plus-value sur constructions n'est pas supérieure à 90 % de la plus-value totale.
Le montant de la reprise annuelle est donc de :
600 000 / 15 + (1 410 000 – 600 000) / 5 = 202 000 €.

3. Conséquences fiscales de la cession

La cession d'un bien amortissable entraîne l'imposition immédiate de la fraction de la plus-value afférente à ce bien qui n'a pas encore été réintégrée.
En contrepartie, les amortissements et les plus-values ultérieurs afférents aux éléments amortissables sont calculés d'après la valeur qui leur a été attribuée lors de l'apport.
Au 30 juin N+1, la quote-part de la plus-value non encore réintégrée est de :
(145 000 – 100 000) × 3,5 / 5 = 31 500 €.
Au 30 juin N+1, la valeur nette comptable de l'installation est de :
145 000 – 145 000 × 1,5 / 5 = 101 500 €.

Le prix de cession étant de 120 000 €, la plus-value dégagée est de 120 000 – 101 500 = 18 500 €, à laquelle il faut rajouter la plus-value de fusion non réintégrée, ce qui donne une plus-value totale de : 31 500 + 18 500 = 50 000 €.

4. Reconstitution des provisions réglementées

Conformément à l'article 210 A (al. 3 a.) du CGI, la société absorbante doit reprendre à son passif les provisions dont l'imposition est différée. En cas d'impossibilité, ces provisions deviennent immédiatement imposables.

5. Analyse des stocks

Toujours conformément à l'article 210 A (al. 3 e) du CGI, la société absorbante doit inscrire à son bilan les éléments autres que les immobilisations pour la valeur qu'ils avaient, du point de vue fiscal, dans les écritures de la société absorbée.
À défaut, elle doit comprendre dans ses résultats de l'exercice au cours duquel intervient l'opération le profit correspondant à la différence entre la nouvelle valeur de ces éléments et la valeur qu'ils avaient, du point de vue fiscal, dans les écritures de la société absorbée.
Ainsi, si elle inscrit à son bilan les stocks pour une valeur de 2 000 000 € (les 100 000 € de différence étant inscrits dans un compte d'ordre), la plus-value sur ceux-ci ne sera imposée qu'au moment de la cession des dits stocks.
Si les stocks sont inscrits pour 2 100 000 €, la plus-value de 100 000 € sera imposée à la fin de l'exercice N.

Fusion : évaluation des parités 4

PRINCIPES CLÉS

La parité est le rapport d'échange des titres anciens contre des titres nouveaux, en particulier dans le cadre de la fusion par absorption.
Le problème est de définir la valeur de chaque titre, puisque ce sont ces valeurs qui vont permettre d'établir la parité.
La valeur retenue pour le calcul de la parité d'échange peut, pour la société absorbée, être différent de la valeur d'apport. Celle-ci doit (*fiche 1*), conformément à l'article 743-1 du PCG, être soit la valeur comptable, soit la valeur réelle, selon la situation de contrôle au moment de l'opération et le sens de l'opération.
En fait, ce qui importe pour l'évaluation des parités, c'est moins l'évaluation de l'actif net des sociétés que la comparaison de leur « poids respectif ».
Cette comparaison implique en particulier :
- l'emploi de méthodes d'évaluation multicritères ;
- l'homogénéité des méthodes d'emploi de ces critères.

De nombreuses méthodes peuvent être utilisées pour l'évaluation des parités ; on peut distinguer :
- les méthodes patrimoniales ;
- les méthodes fondées sur la rentabilité ;
- les méthodes d'estimations comparatives ;
- les approches mixtes (ou dualistes).

1 Les méthodes patrimoniales

On peut distinguer deux méthodes (principales) :

- L'**actif net comptable** : l'actif net comptable ou situation nette comptable est la différence entre le montant total de l'actif et l'endettement total. Cette méthode ne donne qu'une estimation peu réaliste du capital susceptible d'être récupéré. En effet, elle se fonde sur des valeurs historiques parfois fort éloignées de la réalité économique.

- L'**actif net comptable corrigé** (ou valeur intrinsèque) : il représente le montant du capital qu'il serait actuellement nécessaire d'investir pour reconstituer le patrimoine de l'entreprise dans l'état où il se trouve. La détermination de cet actif net comptable corrigé consiste à reconstituer l'actif réel (à partir d'une évaluation à la valeur de marché des éléments) et le passif exigible réel.

La valeur du titre (parfois appelée valeur mathématique ou intrinsèque) peut être dégagée de l'actif net comptable ou de l'actif net comptable corrigé est divisant ces actifs nets par le nombre de titres qui composent le capital social.

2 Les méthodes fondées sur la rentabilité

Les approches fondées sur la rentabilité s'appuient sur le principe qui veut que la valeur économique d'un bien soit la valeur actuelle de ses produits futurs. On distingue les méthodes d'évaluation par actualisation ou capitalisation des dividendes, par actualisation ou capitalisation des bénéfices et par actualisation des flux de trésorerie.

a. Méthodes d'évaluation par actualisation ou capitalisation des dividendes

Ces méthodes considèrent que la valeur d'une entreprise (ou d'un titre) est la somme des valeurs actuelles de ses dividendes futurs. Il faut tenir compte de la valeur de revente de l'entreprise (ou du titre) après un certain nombre d'années.

Valeur déterminée sur un nombre fini d'années

$$V = \sum_{t=1}^{t=n} \frac{d_t}{(1+i)^t} + \frac{A_n}{(1+i)^n}$$

avec d = dividende, A_n = valeur terminale, t = rang de l'année, n = nombre total d'années et i = taux d'actualisation

Valeur déterminée à partir d'un dividende constant sur un nombre infini d'années (valeur financière)

$$V = \frac{d}{i}$$

avec d = dividende et i = taux d'actualisation

b. Méthodes d'évaluation par actualisation ou capitalisation des bénéfices

Ces méthodes considèrent que la valeur d'une entreprise (ou d'un titre) est la somme des valeurs actuelles de ses bénéfices futurs.

Valeur déterminée sur un nombre fini d'années

$$V = \sum_{t=1}^{t=n} \frac{b_t}{(1+i)^t}$$

Avec b = bénéfice, t = rang de l'année, n = nombre total d'années et i = taux d'actualisation

Valeur déterminée à partir d'un bénéfice constant sur un nombre infini d'années (valeur de rendement)

$$V = \frac{b}{i}$$

Avec b = bénéfice et i = taux d'actualisation

On peut observer que cette évaluation correspond aussi à une valorisation dans laquelle le bénéfice est constant durant plusieurs années et la valeur de revente est égale à l'évaluation. On peut ainsi écrire que :

$$V = b \times \frac{1-(1+i)^{-n}}{i} + V \times (1+i)^{-n}$$

$$V \times \left[1-(1+i)^{-n}\right] = \frac{b}{i} \times \left[1-(1+i)^{-n}\right]$$

$$V = \frac{b}{i}$$

c. Méthode d'évaluation par actualisation des flux futurs de trésorerie

Cette méthode, ou « méthode du *discounted cash flow* (DCF) » consiste à calculer, par actualisation, la valeur nette des flux de trésorerie attendus d'une activité. Le montant ainsi déterminé correspond au prix qu'un acquéreur devrait accepter de payer pour un investissement donné, puisque cet investissement lui permettra de couvrir de coût des capitaux propres (dettes et fonds propres) qu'il engage.

$$V = \sum_{t=1}^{t=n} \frac{CF_t}{(1+i)^t} + \frac{A_n}{(1+i)^n} - VD$$

avec CF = cash flow, i = taux d'actualisation, t = rang de l'année, n = nombre d'années, A_n = valeur terminale, VD = valeur de l'endettement financier net.

3 Les méthodes d'estimations comparatives

Les estimations comparatives consistent à comparer un critère de rentabilité de l'entreprise au même critère d'autres entreprises et d'en déduire la valeur de l'entreprise de celles des autres entreprises.

a) Estimation par le dividende

$$V = d \times 1/r$$

Avec r (*return on value market*) = quotient du dividende par la capitalisation boursière des entreprises choisies pour servir de référence.

b) Estimation par le résultat

$$V = b \times P/E$$

Avec *P/E* (*Price /Earning ratio*) = quotient de la capitalisation boursière par le bénéfice de sociétés similaires.

4 Les approches mixtes (ou dualistes)

Les approches dualistes tiennent compte à la fois des valeurs des éléments qui constituent le patrimoine de l'entreprise et de sa rentabilité.
Elles s'appuient sur la notion de goodwill (GW) (ou survaleur) qui est l'excédent de la valeur globale de l'entreprise sur la somme des valeurs des différents éléments corporels et incorporels qui la composent.

a) La méthode des praticiens

Dans la méthode des praticiens, la valeur de l'entreprise est égale à la moyenne arithmétique entre la valeur de rendement (VR) et l'actif net comptable corrigé (ANCC).

$$\text{V} = 1/2(\text{VR} + \text{ANCC})$$

Ou

$$\text{V} = \text{ANCC} + \text{GW}$$

Avec :

$$GW = \frac{VR - ANCC}{2}$$

b) La méthode de la rente de goodwill

Les méthodes de rente de goodwill évaluent l'entreprise comme étant la somme de l'actif net comptable corrigé et de la valeur actualisée des rentes de goodwill.
La rente de goodwill est le bénéfice au-delà de la rémunération au taux de marché k d'une valeur patrimoniale ou économique de l'entreprise (VPE).

$$R = B - kVPE$$

Soit :

$$GW = \sum_{t=1}^{t=n} \frac{R_t}{(1+i)^t}$$

si n est infini et R constant, on obtient :

$$GW = \frac{R}{i}$$

et

$$V = ANCC + GW$$

c. Valeur substantielle brute, immobilisée, capitaux permanents nécessaires à l'exploitation

Les valeurs patrimoniales ou économiques de l'entreprise qui peuvent être utilisées pour calculer la rente de goodwill sont l'actif net comptable corrigé (en excluant les éléments hors exploitation), la valeur substantielle brute, les capitaux permanents nécessaires à l'exploitation. Ces valeurs doivent être rapprochées des résultats qui doivent les financer (ainsi la valeur substantielle brute doit être financée par le résultat de l'exercice augmenté de toutes les charges d'intérêt).

La valeur substantielle brute

La valeur substantielle brute représente l'actif total nécessaire pour réaliser l'objet de l'entreprise : la base retenue dans l'évaluation à la valeur de marché des éléments (valeur intrinsèque ou actif net comptable corrigé) pour la détermination de l'actif est augmentée de la valeur de tous les éléments dont l'entreprise dispose sans être propriétaire et qui sont nécessaires à l'exploitation (biens en crédit-bail, créances escomptées). Elle est diminuée de la valeur des éléments étrangers à l'exploitation qui ne fourniront pas de services durables.

La valeur substantielle immobilisée

La valeur substantielle immobilisée est une valeur substantielle restreinte aux éléments de l'actif immobilisé, qui exclut l'actif circulant sous prétexte qu'il subit des fluctuations incessantes.

Les capitaux permanents nécessaires à l'exploitation

Le concept de capitaux permanents nécessaires à l'exploitation correspond à l'actif immobilisé nécessaire, tel qu'il est déterminé pour le calcul de la valeur substantielle, augmenté des besoins en fonds de roulement d'exploitation.

Application

Vous êtes appelé(e) à participer à l'évaluation des titres et à la détermination des parités dans le cadre de la fusion au 1er janvier N des sociétés « Forges de X », société anonyme au capital de 2 000 000 € (actions de 100 €) et « Forges de Y », société anonyme au capital de 800 000 € (actions de 100 €).
Le bilan au 31 décembre N–1 de la société « Forges de Y » vous est donné en annexe 1. La valeur de marché des actifs de la société « Forges de Y » et autres éléments vous sont donnés en annexe 2.

1. Déterminer la valeur de la société « Forges de Y » selon les méthodes suivantes :

- **actif net comptable ;**
- **actif net comptable corrigé ;**
- **valeur financière ;**
- **valeur de rendement ;**
- **actualisation des flux futurs de trésorerie ;**
- ***price / earning* ratio ;**
- **méthode des praticiens ;**
- **rente de goodwill (calculée à partir de l'actif net comptable corrigé d'exploitation) ;**
- **rente de goodwill (calculée à partir de la valeur substantielle brute) ;**
- **rente de goodwill (calculée à partir des capitaux permanents nécessaires à l'exploitation).**

2. Déterminer la valeur qui sera retenue pour l'action de société « Forges de Y » sachant que celle-ci sera la moyenne arithmétique des valeurs déterminées selon les méthodes suivantes : actualisation des flux futurs de trésorerie, méthode des praticiens, rente de goodwill (calculée à partir des capitaux permanents nécessaires à l'exploitation). Cette valeur sera arrondie aux dix euros supérieurs.

3. Déterminer la parité d'échange sachant que la valeur retenue pour la société « Forges de X » (établie selon les mêmes méthodes) est de 240 €.

Annexe 1 : Bilan de la société « Forges de Y » au 31 décembre N – 1 (en k€)

Terrains	400	Capital	800
Constructions	600	Réserves	850
Autres immo. corporelles	800	Résultat	150
Stocks	400	Provisions	100
Créances	900	Emprunts	500
Trésorerie	100	Autres dettes	800
Total	3 200	Total	3 200

Annexe 2 : Valeur de marché des actifs de la société « Forges de Y » et autres éléments

Les actifs apportés par la société « Forges de Y » seront évalués comme suit :

- Terrains : 460 000
- Constructions : 750 000
- Autres immobilisations corporelles : 980 000
- Stocks : 430 000
- Les autres actifs et les passifs exigibles sont apportés à la valeur comptable.
- Les provisions sont justifiées.
- Le régime de faveur sera appliqué et le taux de l'impôt est de 33 1/3 %.

Il est vous fourni les autres éléments suivants :

- Le dividende attribuable au titre de l'exercice N–1 serait de 120 000 €.
- Il est prévu que les actifs de l'unité de production correspondant aux « Forges de Y » dégagent, au cours des cinq exercices à venir, des résultats nets d'exploitation après impôts estimés à 160 000, 170 000, 180 000, 190 000, 200 000 € ; les amortissements correspondants à ces exercices sont de 150 000 €, les investissements de 120 000 € en moyenne par an, les actifs et les passifs exigibles peuvent être évalués à l'horizon N+4 à des valeurs similaires à celles correspondant à l'actif net corrigé au 31 décembre N–1.
- Le *Price/Earning ratio* applicable au secteur de l'entreprise est de 15,5.
- Les actifs non nécessaires à l'exploitation sont estimés (valeur nette déduction faite des impôts sur plus-values) à 100 000 € ; les produits et charges correspondantes (avant impôt) sont respectivement de 30 000 et 12 000 €.
- Un bien en location-financement (crédit-bail) est estimé à 80 000 €. La redevance annuelle est de 18 000 € (alors que les amortissements de ce bien et les intérêts qui ont versés en N–1 sont estimés à respectivement 9 000 € et 6 000 €).

• Il y a lieu de tenir compte de 27 000 € d'intérêts sur le financement à long terme et 4 500 € d'intérêts pour le financement à court terme.
• Le besoin en fonds de roulement nécessaire à l'exploitation peut être estimé à 530 000 €.
• Les rentes de goodwill seront calculées à partir du résultat de l'exercice N–1 et seront actualisées sur 5 ans.
• Les taux à prendre à compte sont de 6 % pour la capitalisation du résultat, 5 % pour la capitalisation du dividende, 6 % pour l'actualisation des flux financiers, 8 % pour l'actualisation de la rente de goodwill, 4 % pour la rémunération de l'actif net comptable corrigé d'exploitation, 3 % pour la rémunération de la valeur substantielle brute et 3,5 % pour la rémunération des capitaux permanents nécessaires à l'exploitation.

Corrigé

1. Détermination des valeurs de la société « Forges de Y »

Actif net comptable :

Actif comptable – Passif exigible = 3 200 000 – (100 000 + 500 000 + 800 000)
= 1 800 000 €.

Actif net comptable corrigé

Détermination des plus-values de fusion et effet fiscal :

Eléments	Valeur d'apport	Valeur comptable	Plus-values
Terrains	460 000	400 000	60 000
Constructions	750 000	600 000	150 000
Autres immobilisations corporelles	980 000	800 000	180 000
Stocks	430 000	400 000	30 000
Total	2 620 000	2 200 000	420 000

Effet fiscal : le régime de faveur étant appliqué, l'impôt sera calculé uniquement (impôt différé) sur les plus-values afférentes aux immobilisations amortissables et aux stocks :

(150 000 + 180 000 + 30 000) × 33 1/3 % = 120 000.

Actif réel :

• Immobilisations et stocks :	2 620 000
• Créances :	900 000
• Trésorerie :	100 000
	3 620 000

Passif exigible :

• Impôts différés :	120 000
• Provisions :	100 000
• Emprunts :	500 000
• Autres dettes :	800 000
	1 520 000

Actif net comptable corrigé : 3 620 000 – 1 520 000 = 2 100 000 €.

Valeur financière

120 000 / 0,05 = 2 400 000 €.

Valeur de rendement

150 000 / 0,06 = 2 500 000 €

Actualisation des flux futurs de trésorerie

Flux futurs de trésorerie (en k€) :

Années	N	N+1	N+2	N+3	N+4
Résultat	160 000	170 000	180 000	190 000	200 000
Amortissements	150 000	150 000	150 000	150 000	150 000
Cash flows bruts	310 000	320 000	330 000	340 000	350 000
Investissements	120 000	120 000	120 000	120 000	120 000
Flux nets de trésorerie	190 000	200 000	210 000	220 000	230 000

On considèrera pour l'actualisation que ces flux de trésorerie sont dégagés en milieu d'exercice.

Valeur de l'entreprise :

$190\,000 \times 1{,}06^{-0,5} + 200\,000 \times 1{,}06^{-1,5} + 210\,000 \times 1{,}06^{-2,5} + 220\,000 \times 1{,}06^{-3,5} + 230\,000 \times 1{,}06^{-4,5} + [3\,620\,000 - (120\,000 + 100\,000 + 800\,000)] \times 1{,}06^{-5} - 500\,000 = 2\,348\,572$ €.

Price/Earning ratio

150 000 × 15,5 = 2 325 000 €.

Méthode des praticiens

(2 100 000 + 2 500 000) / 2 = 2 300 000 €

Rente de goodwill (calculée à partir de l'actif net comptable corrigé d'exploitation)

- Actif net comptable corrigé d'exploitation 2 100 000 – 100 000 = 2 000 000 ;
- rémunération de l'actif net comptable corrigé d'exploitation : il y a lieu de déduire les produits nets après impôts hors exploitation :
  150 000 – (30 000 – 12 000) × 66 2/3 % = 138 000.
- Rente de goodwill : 138 000 – 2 000 000 × 4 % = 58 000.
- Goodwill : $58\,000 \times \frac{1-1{,}08^{-5}}{0{,}08} = 231\,577$.
- Valeur de l'entreprise : 2 100 000 + 231 577 = 2 331 577 €.

Rente de goodwill (calculée à partir de la valeur substantielle brute)

- Valeur substantielle brute :
  3 620 000 + 80 000 (crédit bail) – 100 000 (hors exploitation) = 3 600 000.
- Rémunération de la valeur substantielle brute : ce résultat ne tient pas compte de l'ensemble des charges financières nettes d'impôt, y compris celles relatives au crédit-bail :
  138 000 + [(18 000 – 9 000) + 27 000 + 4 500)] × 66 2/3 %] = 165 000.
- Rente de goodwill : 165 000 – 3 600 000 × 3 % = 57 000.
- Goodwill : $57\,000 \times \frac{1-1{,}08^{-5}}{0{,}08} = 227\,584$.
- Valeur de l'entreprise : 2 100 000 + 227 584 = 2 327 584 €.

Rente de goodwill (calculée à partir des capitaux permanents nécessaires à l'exploitation)

- Valeur substantielle immobilisée :
  460 000 + 750 000 + 980 000 + 80 000 – 100 000 = 2 170 000
- Capitaux permanents nécessaires à l'exploitation : 2 170 000 + 530 000 = 2 700 000
- Rémunération des capitaux permanents nécessaires à l'exploitation : ce résultat ne tient pas compte des charges financières à long terme nettes d'impôt : par rapport à la rémunération de la valeur substantielle brute, il faut déduire les charges financières à court terme nettes d'impôt :
  165 000 – 4 500 × 66 2/3 % = 162 000
- Rente de goodwill : 162 000 – 2 700 000 × 3,5 % = 67 500
- Goodwill : $67\ 500 \times \dfrac{1-1{,}08^{-5}}{0{,}08} = 269\ 508$.
- Valeur de l'entreprise : 2 100 000 + 269 508 = 2 369 508 €.

2. Détermination de la valeur de l'action « Forges de Y »

- Valeur selon actualisation des flux de trésorerie : 2 348 572
- Valeur selon méthode des praticiens : 2 300 000
- Valeur selon rente de goodwill (capitaux permanents) : 2 369 508
- Valeur moyenne : (2 348 572 + 2 300 000 + 2 369 508) / 3 = 2 339 360 €.
- Valeur de l'action : 2 339 360 / 8 000 = 292,42 €, arrondi à 300 €.

3. Parité d'échange

Il sera échangé 5 actions « Forges de X » contre 4 actions « Forges de Y », 5 actions « Forges de X » valant 5 × 240 = 1 200 € et 4 actions « Forges de Y» valant 4 × 300 = 1 200 €.

Fusion : comptabilisation aux valeurs réelles 5

PRINCIPES CLÉS

Les apports sont comptabilisés à la valeur réelle lorsqu'il s'agit d'opérations à l'endroit impliquant des sociétés sous contrôle distinct. Ces opérations sont considérées par le PCG (art. 743-1) comme des opérations de prise de contrôle.
Lorsque les apports sont évalués à la valeur réelle, les valeurs individuelles des actifs et passifs apportés correspondent aux valeurs réelles attribuées à chacun des éléments inscrits dans le traité d'apport, figurant ou non à l'actif (par exemple les marques ou les impôts différés actifs) ou au passif (par exemple les provisions pour retraites ou les impôts différés passifs) du bilan de l'absorbée ou de la société apporteuse à la date de l'opération.

1 Détermination des valeurs individuelles des apports

Les valeurs individuelles des apports s'apprécient en fonction du marché et de l'utilité du bien pour la société. Pour l'établissement de ces valeurs, la société utilise les références ou les techniques les mieux adaptées à la nature du bien, telles que les prix de marché, les indices spécifiques et des expertises indépendantes.
La différence éventuelle entre la valeur globale des apports et la somme algébrique des valeurs réelles des actifs et passifs identifiés, est également inscrite dans le traité d'apport ou autre document faisant foi, sur une ligne « fonds commercial », reprise comme telle au bilan de la société bénéficiaire.

2 La prime de fusion

La prime de fusion est égale à la prime d'émission des nouveaux titres émis par la société absorbante.

Remarque

Au cas où la société absorbante possède une participation minoritaire dans la société absorbée, la plus-value sur les titres possédés est un boni de fusion qui vient s'ajouter à la prime de fusion.

Exemple

La société Alpha, société anonyme au capital de 1 000 000 € (actions de 100 €) vient d'absorber la société Bêta, société anonyme au capital de 600 000 € (actions de 100 €).
Au moment de la fusion, le bilan de la société Bêta se présentait comme suit :

Bilan de la société Bêta au moment de la fusion (en k€)

Terrains	200	Capital	600
Constructions	400	Réserves	300
Autres immo. corporelles	500	Résultat	50
Stocks	200	Provisions	50
Créances	500	Emprunts	500
Trésorerie	100	Autres dettes	400
Total	1 900	Total	1 900

Il sera remis 4 actions Alpha contre 5 actions Bêta.
Les actifs apportés par la société Bêta seront évalués comme suit :

- Terrains : 230 000
- Constructions : 460 000
- Autres immobilisations corporelles : 560 000
- Stocks : 215 000

Les autres actifs et les passifs exigibles sont apportés à la valeur comptable.
Les provisions sont justifiées.
Le fonds commercial est évalué (par différence) à 130 000 €.
Les impôts liés à l'opération de fusion sont évalués à 45 000 €.
La valeur de d'apport de la société Bêta peut ainsi être estimé à :

230 000 + 460 000 + 560 000 + 215 000 + 500 000 + 100 000 – 50 000 – 500 000 – 400 000 – 45 000 + 130 000 = 1 200 000 €.

Comme le capital de la société Bêta est de 6 000 actions, la valeur de l'action Bêta au moment de la fusion est de 1 200 000 / 6 000 = 200 €.
Comme il sera remis 4 actions Alpha comme 5 actions Bêta, la valeur d'émission de l'action Alpha est de 200 × 5/4 = 250 €. Comme la valeur nominale de l'action Alpha est de 100 €, la prime d'émission par action nouvelle est de : 250 – 100 = 150 €.
Il sera créé 6 000 × 4/5 = 4 800 actions nouvelles.

Dans les livres de la société Alpha on passera les écritures suivantes :

	Date		
456	Société Bêta, compte d'apport	1 200 000	
101	Capital social		480 000
	100 × 4 800		
1042	Prime de fusion		720 000
	150 × 4 800		
	Absorption de la société Bêta		
207	Fonds commercial	130 000	
211	Terrains	230 000	
212	Constructions	460 000	
218	Autres immobilisations corporelles	560 000	
3.	Stocks	215 000	
4.	Créances	500 000	
5.	Trésorerie	100 000	
155	Provisions pour impôt		45 000
158	Autres provisions		50 000
16	Emprunts		500 000
4.	Autres dettes		400 000
456	Société Bêta, compte d'apport		1 200 000
	Réalisation de l'apport		

3 Opérations réciproques

Les opérations réciproques entre la société absorbante et la société absorbée doivent être éliminées. Il en est ainsi notamment des dettes et créances réciproques.

Les effets à recevoir et les effets à payer s'éliminent réciproquement mais, lorsque l'effet à recevoir est remis à l'escompte, le concours bancaire consenti au groupe est substitué à l'effet à payer.

Exemple

Au moment de la fusion, il est constaté que la société Alpha a vendu des produits à la société et que la créance concernant ces produits est de 50 000 € TTC.

On passera l'écriture suivante à la suite des écritures de fusion :

4.	Autres dettes	50 000	
4.	Autres créances		50 000
	Dettes et créances réciproques		

4 Provisions réglementées

Conformément à l'article 210 A du CGI, la société absorbante doit reprendre à son passif :

– d'une part, les provisions dont l'imposition est différée ;
– d'autre part, la réserve spéciale où la société absorbée a porté les plus-values à long terme soumises antérieurement au taux réduit ainsi que la réserve où les provisions pour fluctuation des cours ont été portées.

Application

La société Alexandre, société anonyme au capital de 2 000 000 € (actions de 50 €), envisage d'absorber, avec effet au 1er janvier N, la société Dumas, société anonyme au capital de 500 000 € (actions de 100 €).

En janvier N–4, lors d'une augmentation de capital de la société Dumas, la société Alexandre avait souscrit 500 actions Dumas au prix d'émission de 160 €.

Le bilan de la société Dumas vous est fourni en annexe 1. Les conditions de la fusion vous sont fournies en annexe 2.

1. Calculer la valeur d'apport de la société Dumas.

2. Déterminer la parité d'échange entre les titres Alexandre et les titres Dumas, le montant de l'augmentation de capital et celui de la prime de fusion totale.

3. Passer les écritures dans la société Alexandre.

4. Passer les écritures dans la société Dumas.

Annexe 1 : Bilan de la société Dumas au 31 décembre N–1 (en k€)

Frais d'établissement	30	Capital	500
Brevets et logiciels	150	Primes d'émission	120
Terrains	200	Réserves	400
Constructions	500	Résultat	80
Installations et matériels	400	Prov. pour hausse de prix	60
Autres immo. corporelles	120	Amortis. dérogatoires	90
Stocks	220	Provisions	70
Clients	400	Emprunts	400
Autres créances	100	Fournisseurs	300
Trésorerie	80	Autres dettes	180
Total	2 200	Total	2 200

Les frais d'établissement, brevets et logiciels, constructions, installations et matériels, autres immobilisations corporelles, stocks et créances ont fait l'objet d'amortissements ou de dépréciations pour respectivement de 20 000, 50 000, 160 000, 150 000, 30 000, 10 000, 20 000 €.

Annexe 2 : Conditions de la fusion

• Les actifs immobilisés et les stocks de la société Dumas sont repris aux valeurs suivantes :

– brevets et logiciels :	210 000
– terrains :	250 000
– constructions :	650 000
– installations et matériels :	520 000
– autres immobilisations corporelles :	150 000
– stocks :	250 000

• Les autres actifs (créances et disponibilités) sont repris à leur valeur comptable.
• Les dettes sont également repris à leur valeur comptable.
• Les provisions comptabilisées sont justifiées.
• Il y a lieu de tenir compte d'une provision pour pensions et obligations similaires (non constatée en comptabilité dans la société Dumas) de 190 000 € (dont 15 000 € pour N–1).
• Sera appliqué le régime de faveur de l'article 210 A du CGI ; le taux de l'impôt sur les bénéfices est de 33 1/3 %.
• Le goodwill (fonds de commerce) est estimé à 200 000 €.
• Les modalités d'échange seront déterminées sur la base de la moyenne entre la valeur mathématique de l'action et sa valeur de rendement (méthode dite des praticiens).
• La valeur de rendement se calcule à partir d'un bénéfice ne tenant pas compte des dotations aux provisions réglementées, mais tenant compte d'une éventuelle provision pour pensions et obligations similaires. En N–1, les dotations nettes aux provisions réglementées étaient de 30 000 €. Le taux d'intérêt à prendre pour le calcul de la valeur de rendement est de 5 % après impôt.
• La valeur de l'action Alexandre à prendre en compte dans le cadre de l'échange est de 120 €.

Corrigé

1. Détermination de la valeur d'apport de la société Dumas

Il y a lieu de déterminer les plus-values de cession des éléments d'actif (immobilisations et stocks) en vue d'en déduire l'effet fiscal.

Éléments	Valeur d'apport	Valeur comptable	Plus-values
Brevets et logiciels	210 000	150 000	60 000
Terrains	250 000	200 000	50 000
Constructions	650 000	500 000	150 000
Installations et matériels	520 000	400 000	120 000
Autres immobilisations corporelles	150 000	120 000	30 000
Stocks	250 000	220 000	30 000
Total	2 030 000	1 590 000	440 000

Sur le plan fiscal, des plus-values dégagées seule la plus-value sur terrains (immobilisations non amortissables) n'est pas à prendre en compte. En effet, selon l'article 210 A du CGI, les plus-values dégagées lors d'une fusion ne sont pas imposables. Toutefois, la société absorbante devra réintégrer dans les années à venir les plus-values provenant de biens amortissables. Quant aux stocks, il seront imposés dans l'exercice s'ils sont portés à l'actif à leur valeur réelle ou lors de leur cession s'ils sont portés à l'actif à leur valeur fiscale.

Calcul de l'impôt net différé

• Plus-values : (440 000 – 50 000) × 33 1/3 % =	130 000
• Provisions pour hausse de prix : 60 000 × 33 1/3 % =	20 000
• Amortissements dérogatoires : 90 000 × 33 1/3 % =	30 000
• Frais d'établissement (à déduire) : 30 000 × 33 1/3 % =	– 10 000
	170 000

Calcul de la valeur d'apport

• Immobilisations et stocks :	2 030 000
• Fonds commercial :	200 000
• Clients :	400 000
• Autres créances :	100 000
• Trésorerie :	80 000
	2 810 000

À déduire :	
• Impôts différés :	170 000
• Provisions :	70 000
• Provisions pour pensions et obligations similaires :	190 000
• Emprunts :	400 000
• Fournisseurs :	300 000
• Autres dettes :	180 000
	1 310 000

Valeur nette de l'apport : 2 810 000 – 1 310 000 = 1 500 000 €.

2. Détermination de la parité d'échange, de l'augmentation de capital et de la prime de fusion

Le résultat à prendre en compte pour le calcul de la valeur de rendement de l'action Dumas est de 80 000 + 30 000 × 66 2/3 % (provisions réglementées) – 15 000 (provisions pour pensions et obligations similaires) = 85 000 €.

La valeur de rendement de l'action Dumas est donc de 85 000/ 5 000 / 0,05 = 340 €.

La valeur mathématique de l'action Dumas est de 1 500 000 / 5 000 = 300 €.

La valeur à prendre en compte pour la parité d'échange est donc de (340 + 300) / 2 = 320 €.

Il sera donc nécessaire d'émettre 8 actions Alexandre (8 × 120 = 960) pour 3 actions Dumas (3 × 320 = 960).

Le capital de la société Dumas est de 5 000 actions mais, compte tenu du fait que la société Alexandre en possède 500 (soit 10 % du capital), il ne faudra en rémunérer que 4 500.

L'augmentation de capital sera donc de 4 500 × 8/3 = 12 000 actions Alexandre à émettre à la valeur nominale de 50 €, soit 12 000 × 50 = 600 000 €.

Détermination de la prime de fusion totale

Les deux sociétés fusionnant étant sous contrôle distinct (la société Alexandre ne possède avant la fusion que 10 % du capital et donc n'en assume pas le contrôle), la valeur d'apport à prendre en compte sera de 1 500 000 €.

La prime de fusion sera la différence entre cette valeur d'apport, l'augmentation de capital et la valeur comptable des actions Dumas souscrites en N–4 par la société Alexandre (soit 500 × 160 = 80 000).

Cette prime de fusion sera de 1 500 000 – 600 000 – 80 000 = 820 000 €.

Elle peut aussi se déterminer de la manière suivante :

– prime d'émission sur les titres émis : 12 000 × (120 – 50) =	840 000
– plus-value (par rapport à la valeur d'échange) sur titres Dumas acquis en N–4 : 500 × (320 – 160) =	80 000
– écart dû à la différence entre valeur mathématique et valeur prise en compte pour les modalités d'échange des actions Dumas : 5 000 × (320 – 300) =	– 100 000
	820 000

3. Écritures d'absorption dans la société Alexandre

	1.01.N		
456	Société Dumas, compte d'apport	1 500 000	
101	Capital social		600 000
1042	Prime de fusion		820 000
261	Titres de participation		80 000
	Absorption de la société Dumas		
205	Brevets et logiciels	210 000	
207	Fonds commercial	200 000	
211	Terrains	250 000	
212	Constructions	650 000	
215	Installations et matériels	520 000	
218	Autres immobilisations corporelles	150 000	
3.	Stocks	250 000	
411	Clients *400 000 + 20 000*	420 000	
4.	Autres créances	100 000	
5.	Trésorerie	80 000	
153	Provisions pour pensions et obligations similaires		190 000
155	Provisions pour impôt		170 000
158	Autres provisions		70 000
16	Emprunts		400 000
401	Fournisseurs		300 000
4.	Autres dettes		180 000
491	Dépréciation des comptes clients		20 000
456	Société Dumas, compte d'apport		1 500 000
	Réalisation de l'apport		
1042	Prime de fusion	40 000	
155	Provisions pour impôts *60 000 × 33 1/3 %*	20 000	
1431	Provisions pour hausse de prix		60 000
	Reprise des provisions réglementées		

4. Écritures de liquidation dans la société Dumas

	1.01.N		
456	Société Alexandre	2 810 000	
654	Pertes sur créances	20 000	
775	Produits des cessions d'actif		1 980 000
	210 000 + 200 000 + 250 000 + 650 000 + 520 000 + 150 000		
701	Ventes de produits		250 000
411	Clients		420 000
4.	Autres créances		100 000
5.	Trésorerie		80 000
	Cession des actifs		
153	Provisions pour pensions et obligations similaires	190 000	
155	Provisions pour impôts	170 000	
158	Autres provisions	70 000	
16.	Emprunts	400 000	
401	Fournisseurs	300 000	
4.	Autres dettes	180 000	
456	Société Alexandre		1 310 000
	Reprise des passifs		
675	Valeur comptable des éléments d'actifs cédés	1 400 000	
2801	Amortissements des frais d'établissement	20 000	
2805	Amortissements des brevets et logiciels	50 000	
2813	Amortissements des constructions	160 000	
2815	Amortissements des installations et matériels	150 000	
2818	Amortissements des autres immobilisations corporelles	30 000	
201	Frais d'établissement *30 000 + 20 000*		50 000
205	Brevets et logiciels *150 000 + 50 000*		200 000
211	Terrains		200 000
213	Constructions *500 000 + 160 000*		660 000
215	Installations et matériels *400 000 + 150 000*		550 000
218	Autres immobilisations corporelles *120 000 + 30 000*		150 000
	Valeur comptable des actifs cédés		
71	Production stockée	230 000	
39.	Dépréciation des stocks	10 000	
3.	Stocks *220 000 + 10 000*		230 000
7817	Reprises sur dépréciations des actifs circulants		10 000
	Reprise des stocks		
491	Dépréciation des créances clients	20 000	
7817	Reprises sur dépréciations des actifs circulants		20 000
	Reprise dépréciation comptes clients		
6815	Dotations aux provisions d'exploitation	360 000	
153	Provisions pour pensions et obligations similaires		190 000
155	Provisions pour impôts		170 000
	Dotations constituées à la fusion		

1431	Provisions pour hausse de prix	60 000	
145	Amortissements dérogatoires	90 000	
7872	Reprises sur provisions réglementées (immobilisations)		90 000
7873	Reprises sur provisions réglementées (stocks)		60 000
	Reprises provisions réglementées		
121	Résultat de la fusion	1 780 000	
654	Pertes sur créances		20 000
675	Valeur comptable des éléments d'actif cédés		1 400 000
6815	Dotations aux provisions d'exploitation		360 000
	Centralisation des charges		
701	Ventes de produits	250 000	
775	Produits des cessions d'éléments d'actif	1 980 000	
7817	Reprises sur dépréciations des actifs circulants	30 000	
7872	Reprises sur provisions réglementées (immobilisations)	90 000	
7873	Reprises sur provisions réglementées (stocks)	60 000	
71	Production stockée		230 000
121	Résultat de la fusion		2 180 000
	Centralisation des produits		
101	Capital social	500 000	
1041	Primes d'émission	120 000	
106	Réserves	400 000	
120	Résultat de l'exercice	80 000	
121	Résultat de la fusion *2 180 000 – 1 780 000*	400 000	
455	Actionnaires		1 500 000
	Actifs nets revenant aux actionnaires		
455	Actionnaires	1 500 000	
455	Société Alexandre		1 500 000
	Remise actions Alexandre aux actionnaires		

6 Fusion : comptabilisation aux valeurs comptables

PRINCIPES CLÉS

Les apports sont comptabilisés à la valeur comptable lorsqu'il s'agit d'opérations à l'endroit impliquant des sociétés sous contrôle commun ou lorsqu'il s'agit d'opérations à l'envers (qu'il s'agisse de sociétés sous contrôle distinct ou de sociétés sous contrôle commun). Ces opérations sont considérées par le PCG (art. 743-1) comme des opérations de restructuration.

Lorsque les apports sont évalués à la valeur comptable, les valeurs comptables individuelles des actifs et passifs apportés correspondent aux valeurs de chaque actif et passif figurant dans les comptes de l'absorbée ou de la société apporteuse à la date d'effet de l'opération.

1 Forme de la comptabilisation aux valeurs comptables et règles fiscales

Si l'ensemble de ces apports doit être transcrit en comptabilité sur la base de leur valeur comptable, ces mêmes valeurs sont admises du point de vue fiscal à la double condition :

- que les apports soient et demeurent soumis, au regard de l'impôt sur les sociétés, au régime de faveur prévu aux articles 210 A et 210 B du code général des impôts ;
- que la société bénéficiaire des apports reprenne à son bilan les écritures comptables de la société apporteuse (valeur d'origine, amortissements, dépréciations) et qu'elle continue de calculer les dotations aux amortissements à partir de la valeur d'origine qu'avaient les biens dans les écritures de la société apporteuse.

2 Problème posé par les actifs fictifs et les provisions réglementées

Comme les autres actifs et passifs, les actifs fictifs et passifs fictifs (frais d'établissement, écarts de conversion), ainsi que les provisions réglementées (provisions pour hausse de prix, voire les amortissements dérogatoires), doivent être repris.

3 Détermination de la prime de fusion

La prime d'émission sur les nouvelles actions émises doit être calculée à partir de la valeur comptable de la société absorbée ; elle n'est pas la différence entre la valeur du titre dans la société absorbante et la valeur nominale de ce titre.

4 Actif net comptable insuffisant

Lorsque les apports doivent être évalués à la valeur nette comptable mais que l'actif net comptable apporté à une société ayant une activité préexistante est insuffisant pour permettre la libération du capital, les valeurs réelles des éléments apportés doivent être retenues.

5 Reprise des provisions réglementées

Pour pouvoir bénéficier du régime fiscal de faveur, la société absorbante doit (*voir fiche 3*) reprendre à son passif les provisions dont l'imposition est différée.
Cette obligation ne s'applique pas aux amortissements dérogatoires, lesquels peuvent simplement être réintégrés de manière extra-comptable dans le tableau de détermination du résultat fiscal sur les durées d'amortissements restant à courir (BOI 4 I-1-05, § 14).

Application

Les sociétés Achille, société anonyme au capital de 800 000 € (actions de 100 €), et Bertrand, société anonyme au capital de 600 000 € (actions de 15 €), sont les filiales d'une même société, la société Hubert.

Il est envisagé la fusion de ces deux sociétés au 1er janvier N, la société Achille absorbant la société Bertrand.

Pour les besoins de la fusion, les valeurs réelles des actions Achille et Bertrand ont été évaluées à 150 € et 30 €.

1. **Déterminer quelle doit être l'augmentation de capital et la prime de fusion.**
2. **Présenter les écritures d'absorption dans la société Achille.**

Annexe : Bilan de la société Bertrand au 31 décembre N–1 (en k€)

Actif	Brut	Amort. et dep.	Net	Passif	Net
Frais d'établiss.	50	30	20	Capital	600
Terrains	200		200	Réserves	200
Constructions	500	200	300	Résultat	40
Aut. immo. corp.	800	300	500	Provisions HP	60
Stocks	150	10	140	Am. dérogatoires	120
Clients	180	20	160	Provisions	40
Autres créances	80		80	Emprunts	200
Liquidités	50		50	Autres dettes	180
Écart conv. actif	20		20	Ecart conv. pass.	30
Total			1 470	Total	1 470

Corrigé

1. Détermination de l'augmentation de capital et de la prime de fusion

Le titre Achille ayant une valeur de 150 € et le titre Bertrand de 30 €, il sera remis une action Achille pour 5 actions Bertrand.

Comme le capital de Bertrand est de 40 000 actions de 15 €, soit 600 000 €, il sera remis aux actionnaires de Bertrand 40 000 / 5 = 8 000 actions Achille.

L'augmentation de capital sera donc de 8 000 × 100 = 800 000 €.

Les capitaux propres de la société Bertrand au moment de la fusion sont de 600 000 + 200 000 + 40 000 + 60 000 + 120 000 = 1 020 000 €, ce qui correspond à une valeur comptable de titre de 1 020 000 / 40 000 = 25,50 €.

La valeur correspondante de l'action Achille est de 25,50 × 5 = 127,50 €.

La prime de fusion par action Achille est donc de 127,50 – 100 = 27,50 €, soit au total 27,50 € × 8 000 = 220 000 €.

Sur cette prime de fusion, il faudra imputer la provision pour hausse de prix soit 60 000 €. On pourra aussi imputer (ce n'est pas une obligation) les amortissements dérogatoires.

2. Écritures comptables dans la société Achille

	1.01.N		
456	Société Bertrand, compte d'apport	1 020 000	
101	Capital social		800 000
1042	Prime de fusion		220 000
	Absorption société Bertrand		
201	Frais d'établissement	50 000	
211	Terrains	200 000	
213	Constructions	500 000	
215	Autres immobilisations corporelles	800 000	
3.	Stocks	150 000	
41.	Clients	180 000	
4.	Autres créances	80 000	
5.	Liquidités	50 000	
476	Ecart de conversion actif	20 000	
15	Provisions		40 000
16	Emprunts		200 000
2801	Amortissements des frais d'établissement		30 000
2813	Amortissements des constructions		200 000
2815	Amortissements des autres immobilisations corporelles		300 000
39	Dépréciation des stocks		10 000
49	Dépréciations des clients		20 000
4.	Autres dettes		180 000
477	Ecart de conversion passif		30 000
456	Société Bertrand compte d'apport		1 020 000
	Absorption société Bertrand		
1042	Prime de fusion	60 000	
1431	Provisions pour hausse de prix		60 000
	Reprise provisions dont l'imposition est différée		

Remarque : Nous avons choisi de ne pas reprendre les amortissements dérogatoires. Dans le cas contraire, on aurait passé l'écriture supplémentaire suivante :

1042	Prime de fusion	120 000	
145	Amortissements dérogatoires		120 000
	Reprise amortissements dérogatoires		

7 Participations de l'absorbante dans l'absorbée ou de l'absorbée dans l'absorbante

1 La société absorbante possède une participation dans la société absorbée

2 La société absorbée possède une participation dans la société absorbante

PRINCIPES CLÉS

Selon l'article L. 236-3 II du Code de commerce, « il n'est pas procédé à l'échange de parts ou d'actions de la société bénéficiaire contre des parts ou actions des sociétés qui disparaissent lorsque ces parts ou actions sont détenues :

1° soit par la société bénéficiaire ou par une personne agissant en son propre nom mais pour le compte de cette société ;

2° soit par la société qui disparaît ou par une personne agissant en son propre nom mais pour le compte de cette société ».

Il y a lieu de distinguer les deux cas suivants :

– la société absorbante possède une participation dans la société absorbée ;
– la société absorbée possède une participation dans la société absorbante.

1 La société absorbante possède une participation dans la société absorbée

Dans ce cas, les titres ne sont attribués qu'aux autres actionnaires de la société absorbée.

Exemple

La société Alpha, société anonyme au capital de 2 000 000 € (actions de 100 €), est amenée à absorber la société Bêta, société anonyme au capital de 1 000 000 € (actions de 100 €). Au moment de la fusion, la société Alpha détient 40 % du capital de la société Bêta. Le rapport d'échange est de 3 actions Alpha pour 4 actions Bêta.

Ne recevront des actions nouvelles d'Alpha que les autres actionnaires de la société Bêta, lesquels représentent 60 % du capital. Le nombre de titres émis sera de :

10 000 × 60 % × 3/4 = 4 500 actions Alpha.

Remarque

Les auteurs distinguent, lorsque la société absorbante possède une partie du capital de la société absorbée, la fusion renonciation et la fusion allotissement.

- Dans la fusion renonciation, la société absorbante ne renonce à ses droits d'associés dans la société absorbée que dans la mesure nécessaire à la rémunération des associés de la société absorbée autre que la société absorbante.
- Dans la fusion allotissement, la société absorbante reçoit sous forme d'allotissement une fraction de la société absorbée qui correspond à l'importance de sa participation. Le surplus de l'apport constitue seul l'apport-fusion rémunéré en actions.
- Dans les deux cas, les calculs restent les mêmes, quoique les conditions juridiques de l'apport soient différentes. Seule la première solution bénéficie du régime fiscal de faveur institué pour faciliter les fusions d'entreprises. Elle est donc seule employée en pratique.

2 La société absorbée possède une participation dans la société absorbante

Dans ce cas, deux solutions sont possibles :

- la société absorbante émet les titres nécessaires pour rémunérer les actionnaires de la société absorbée puis elle procède à une diminution de capital correspondant à la part de la société absorbée dans la société absorbante ;
- la société absorbante émet le nombre de titres correspondant à la différence entre les titres nécessaires pour rémunérer les actionnaires de la société absorbée et les titres correspondant à la part de la société absorbée dans la société absorbante.

Exemple

La société Alpha, société anonyme au capital de 2 000 000 € (actions de 100 €), est aussi amenée à absorber la société Gamma, société anonyme au capital de 500 000 € (actions de 100 €).

Au moment de la fusion, la société Gamma détient 10 % du capital de la société Alpha.

Le rapport d'échange est de 3 actions Alpha pour 5 actions Gamma.

La société Alpha devra donc émettre 5 000 × 3/5 = 3 000 actions pour rémunérer les actionnaires de Gamma.

Comme la société Gamma est propriétaire de 20 000 × 10 % = 2 000 actions Alpha, la société Alpha pourra :

- émettre 3 000 actions puis faire une annulation des 2 000 titres remis par Gamma ;
- émettre simplement 1 000 actions.

Application

La société Fernande, société anonyme au capital de 2 000 000 € (actions de 100 €) vient de décider d'absorber, avec effet au 1er juillet N, la société Florent, société anonyme au capital de 1 000 000 € (actions de 100 €) qu'elle contrôlait précédemment et dont elle possédait 55 % du capital ainsi que la société Frédéric, société anonyme au capital de 3 000 000 € (actions de 100 €), laquelle avait une participation de 20 % dans le capital de la société Fernande.

Les titres seront échangés sur la base de 3 actions Fernande pour 4 actions Florent et 5 actions Frédéric.

Les bilans (simplifiés) des sociétés Fernande, Florent et Frédéric préalablement à la fusion vous sont fournis en annexe.

1. **Déterminer l'augmentation de capital que devra réaliser la société Fernande pour effectuer cette double absorption.**
2. **Présenter les écritures dans la société Fernande.**

Annexe 1 : Bilan de la société Fernande au 30 juin N (en k€)

Actif	Brut	Amort. et dep.	Net	Passif	Net
Frais d'établiss.	50	30	20	Capital	2 000
Terrains	500		500	Réserves	2 500
Constructions	4 000	1 400	2 600	Résultat	300
Aut. immo. corp.	4 300	2 000	2 300	Provisions HP	50
Titres de particip.	550		550	Am. dérogatoires	450
Stocks	1 750	20	1 730	Provisions	400
Clients	1 700		1 700	Emprunts	1 000
Autres créances	200		200	Autres dettes	3 000
Liquidités	100		100		
Total			9 700	Total	9 700

Annexe 2 : Bilan de la société Florent au 30 juin N (en k€)

Actif	Brut	Amort. et dep.	Net	Passif	Net
Frais d'établiss.	100	50	50	Capital	1 000
Terrains	300		300	Réserves	620
Constructions	3 500	2 200	1 300	Résultat	100
Aut. immo. corp.	2 800	1 300	1 500	Provisions HP	60
Stocks	1 400		1 400	Am. dérogatoires	120
Clients	1 000	50	950	Provisions	200
Autres créances	350		350	Emprunts	2 000
Liquidités	50		50	Autres dettes	1 800
Total			5 900	Total	5 900

Annexe 3 : Bilan de la société Frédéric au 30 juin N (en k€)

Actif	Brut	Amort. et dep.	Net	Passif	Net
Concessions, br.	500	300	200	Capital	3 000
Terrains	800		800	Réserves	1 200
Constructions	2 800	800	2 000	Résultat	400
Aut. immo. corp.	3 700	1 000	2 700	Am. dérogatoires	600
Titres de particip.*	1 000		1 000	Provisions	300
Stocks	2 000	100	1 900	Emprunts	2 500
Clients	1 800		1 800	Autres dettes	2 780
Autres créances	200		200	Ecart conv. pass.	20
Liquidités	170		170		
Ecart conv. actif	30		30		
Total			10 800	Total	10 800

*Titres Fernande.

Corrigé

1. Augmentation de capital de Fernande

Le capital de la société Fernande est composé de 2 000 000 / 100 = 20 000 actions, celui de la société Florent de 1 000 000 / 100 = 10 000 actions et celui de la société Frédéric de 3 000 000 / 100 = 30 000 actions.

55 % du capital de la société Florent, soit 5 500 actions, sont la propriété de la société Fernande et 20 % du capital de la société Fernande, soit 4 000 actions, sont la propriété de la société Frédéric.

Pour rémunérer les apports de la société Florent, la société Fernande devra émettre (10 000 – 5 500) × 3/4 = 3 375 actions.

Pour rémunérer les apports de la société Frédéric, la société Fernande devra émettre 30 000 × 3/5 = 18 000 actions. Mais comme elle récupèrera 4 000 actions que possédait la société Frédéric, l'augmentation nette de capital pour rémunérer les apports de Frédéric sera de 18 000 – 4 000 = 14 000 actions Fernande.

Au total, l'augmentation de capital de la société Fernande sera de 3 375 + 14 000 = 17 375 actions de 100 €, soit 1 737 500 €.

Il est à noter que, pour les deux sociétés, les apports seront comptabilisés à la valeur comptable. En effet :

- la fusion société Fernande / société Florent est une fusion à l'endroit (l'initiatrice est la société Fernande et la cible la société Florent) et les deux sociétés sont sous contrôle commun (la société Fernande est majoritaire en capital de la société Florent) ;
- la fusion société Fernande / société Frédéric peut être considérée comme une fusion à l'envers. En effet, d'une part, la société Frédéric, est plus importante que la société Fernande et elle possède déjà 20 % du capital, d'autre part, après la fusion, les actionnaires de Frédéric qui vont recevoir au total 18 000 actions seront majoritaires dans la société Fernande (si l'on excepte les actions émises pour l'absorption de Florent), le capital de Fernande étant alors de 20 000 + 14 000 = 34 000 actions.

2. Écritures comptables

	1.7.N		
456	Société Florent, compte d'apport	1 900 000	
	1 000 000 + 620 000 + 100 000 + 60 000 + 120 000		
101	Capital social *3 375 × 100*		337 500
1042	Prime de fusion		1 012 500
261	Titres de participation		550 000
	Absorption société Florent		
201	Frais d'établissement	100 000	
211	Terrains	300 000	
213	Constructions	3 500 000	
215	Autres immobilisations corporelles	2 800 000	
3.	Stocks	1 400 000	
41.	Clients	1 000 000	
4.	Autres créances	350 000	
5.	Liquidités	50 000	
15	Provisions		200 000
16	Emprunts		2 000 000
2801	Amortissements des frais d'établissement		50 000
2813	Amortissements des constructions		2 200 000
2815	Amortissements des autres immobilisations corporelles		1 300 000
49	Dépréciations des clients		50 000
4.	Autres dettes		1 800 000
456	Société Florent compte d'apport		1 900 000
	Absorption société Florent		
1042	Prime de fusion	60 000	
1431	Provisions pour hausse de prix		60 000
	Reprise provisions dont l'imposition est différée		
456	Société Frédéric, compte d'apport	4 200 000	
	3 000 000 + 1 200 000 + 400 000 + 600 000 –-1 000 000		
	(valeur comptable des titres Fernande possédés)		
101	Capital social *14 000 × 100*		1 400 000
1042	Prime de fusion		2 800 000
	Absorption société Frédéric		

205	Concessions, brevets, licences, etc	500 000	
211	Terrains	800 000	
213	Constructions	2 800 000	
215	Autres immobilisations corporelles	3 700 000	
3.	Stocks	2 000 000	
41.	Clients	1 800 000	
4.	Autres créances	200 000	
5.	Liquidités	170 000	
476	Écart de conversion actif	30 000	
15	Provisions		300 000
16	Emprunts		2 500 000
2805	Amortissements des concessions, brevets, licences, etc.		300 000
2813	Amortissements des constructions		800 000
2815	Amortissements des autres immobilisations corporelles		1 000 000
39	Dépréciation des stocks		100 000
4.	Autres dettes		2 780 000
477	Écart de conversion passif		20 000
456	Société Frédéric compte d'apport		4 200 000
	Absorption société Frédéric		

8 Participations circulaires

PRINCIPES CLÉS

Au delà d'un certain niveau, les participations réciproques entre deux sociétés sont interdites.
En effet, l'article L. 233-29 du Code de commerce précise que « une société par actions ne peut posséder d'actions d'une autre société, si celle-ci détient une fraction de son capital supérieure à 10 %. À défaut d'accord entre les sociétés intéressées pour régulariser la situation, celle qui détient la fraction la plus faible du capital de l'autre doit aliéner son investissement ».
Un des moyens utilisés pour ne pas avoir à appliquer ce texte de loi est de mettre en place une participation circulaire, la société Alpha, par exemple, possédant une partie du capital de Bêta, la société Bêta une partie du capital de Gamma, et la société Gamma une partie du capital de Alpha.
L'évaluation de titres de chacune des sociétés implique généralement la résolution d'un système algébrique dont il y a autant d'inconnues que de sociétés.

1 Évaluation des titres

Exemple

Prenons l'exemple de quatre sociétés ayant mis en place une participation circulaire.
Le capital de la société Alpha est de 100 000 actions, celui de la société Bêta de 60 000 actions, celui de la société Gamma de 80 000 actions et celui de la société Delta de 50 000 actions.
La société Alpha possède une participation de 30 000 actions Bêta, la société Bêta 40 000 actions Gamma, la société Gamma 20 000 actions Delta et la société Delta 10 000 actions Alpha.
Vous avez déterminé les actifs réels et passifs exigibles des quatre sociétés (à l'exception des participations présentées ci-dessus).

Ces valeurs vous sont données dans le tableau ci-après :

Sociétés	Actif réel total	Passif exigible total
Alpha	6 000 000	2 400 000
Bêta	1 800 000	1 000 000
Gamma	8 400 000	2 800 000
Delta	8 000 000	2 600 000

Si a, b, c, d sont les valeurs des actions Alpha, Bêta, Gamma, Delta, on peut poser le système d'équations suivant :

- Pour Alpha : $6\,000\,000 + 30\,000\,b = 100\,000\,a + 2\,400\,000$
- Pour Bêta : $1\,800\,000 + 40\,000\,c = 60\,000\,b + 1\,000\,000$
- Pour Gamma : $8\,400\,000 + 20\,000\,d = 80\,000\,c + 2\,800\,000$
- Pour Delta : $8\,000\,000 + 10\,000\,a = 50\,000\,d + 2\,600\,000$

La résolution de ce système donnera :
$a = 60$; $b = 80$; $c = 100$ et $d = 120$.

2 Non-exercice du droit de vote

Selon l'article L. 233-31 du Code de commerce, « lorsque des actions ou des droits de vote d'une société sont possédés par une ou plusieurs sociétés dont elle détient directement ou indirectement le contrôle, les droits de vote attachés à ces actions ou ces droits de vote ne peuvent être exercés à l'assemblée générale de la société. Il n'en est pas tenu compte pour le calcul du quorum. »

Application

Vous êtes appelé à préparer la fusion au 1er janvier N de trois sociétés, les sociétés Augustin, Basile et Clotilde. La société Augustin a pris une participation de 60 % dans la société Basile, laquelle a pris une participation de 10 % dans la société Clotilde, laquelle a pris une participation de 5 % dans la société Augustin.

Les actions de chacune des sociétés ont une valeur nominale de 100 €.

L'évaluation de ces sociétés sera réalisée à partir la moyenne entre la valeur intrinsèque (hors goodwill) de chacune de ces sociétés et leur valeur financière. Cette valeur financière est déterminée par capitalisation du dividende au taux de 5 %.

Vous trouverez en annexe les bilans (simplifiés) des trois sociétés, les valeurs réelles des éléments d'actif, les créances, liquidités et passifs exigibles étant repris à leur valeur comptable, ainsi que les dividendes moyens (par action) versés au cours des trois dernières années (pour le calcul de la valeur financière).

Il sera tenu compte d'un impôt latent (ou différé) de 33 1/3 % sur la totalité des actifs réévalués (à l'exception du fonds commercial).

1. Déterminer la valeur financière, la valeur intrinsèque (hors goodwill) et la valeur retenue de chacune des trois sociétés.

2. La société Augustin, absorbant les sociétés Basile et Clotilde, présenter les écritures de fusion dans la société Augustin.

Annexe 1 : Bilan au 31 décembre N–1 société Augustin

Frais d'établissement	60 000	Capital	1 000 000
Brevets et logiciels	350 000	Primes d'émission	200 000
Terrains	400 000	Réserves	430 000
Constructions	900 000	Résultat de l'exercice	210 000
Autres immo. corporelles	1 300 000	Amortis. dérogatoires	360 000
Titres de participation	300 000	Provisions	80 000
Stocks	550 000	Emprunts	1 400 000
Clients	350 000	Fournisseurs	590 000
Autres créances	140 000	Autres dettes	200 000
Trésorerie	120 000		
Total	4 470 000	Total	4 470 000

Annexe 2 : Bilan au 31 décembre N–1 société Basile

Brevets et logiciels	80 000	Capital	500 000
Fonds commercial	80 000	Primes d'émission	150 000
Terrains	240 000	Réserves	350 000
Constructions	550 000	Résultat de l'exercice	140 000
Autres immo. corporelles	570 000	Prov. pour hausse de prix	90 000
Titres de participation	160 000	Amortis. dérogatoires	150 000
Stocks	300 000	Provisions	70 000
Clients	320 000	Emprunts	550 000
Autres créances	120 000	Fournisseurs	320 000
Trésorerie	60 000	Autres dettes	160 000
Total	2 480 000	Total	2 480 000

Annexe 3 : Bilan au 31 décembre N–1 société Clotilde

Frais d'établissement	30 000	Capital	800 000
Brevets et logiciels	150 000	Primes d'émission	120 000
Terrains	300 000	Réserves	310 000
Constructions	650 000	Résultat de l'exercice	160 000
Autres immo. corporelles	1 200 000	Amortis. dérogatoires	300 000
Titres de participation	150 000	Provisions	200 000
Stocks	220 000	Emprunts	650 000
Clients	400 000	Fournisseurs	440 000
Autres créances	100 000	Autres dettes	300 000
Trésorerie	80 000		
Total	3 280 000	Total	3 280 000

Annexe 4 : Valeurs réelles de reprise des éléments d'actif

Eléments	Augustin	Basile	Clotilde
Brevets et logiciels	440 000	120 000	230 000
Terrains	460 000	300 000	360 000
Constructions	1 080 000	600 000	800 000
Autres immo. corporelles	1 480 000	630 000	1 400 000
Stocks	580 000	300 000	240 000

Annexe 5 : Dividendes moyens par action

Sociétés	Augustin	Basile	Clotilde
Dividendes	17 €	16 €	13 €

Corrigé

1. Détermination des valeurs

a) Valeurs financières des actions

Les valeurs financières sont le rapport entre les dividendes et le taux d'intérêt de base soit 5 %

- Valeur financière action société Augustin : 17 / 0,05 = 340 €.
- Valeur financière action société Basile : 16 / 0,05 = 320 €.
- Valeur financière action société Clotilde : 13 / 0,05 = 260 €.

b) Valeurs des actions intrinsèques de chacune des trois sociétés

Le capital de chacune des trois sociétés est composé du nombre d'actions suivant :

- Société Augustin : 1 000 000 / 100 = 10 000
- Société Basile : 500 000 / 100 = 5 000
- Société Clotilde : 800 000 / 100 = 8 000

Plus-values de cession et impôts latents

Il y a lieu d'abord de déterminer les plus-values de cession et les impôts latents sur ces plus-values.

- Société Augustin :

Éléments	Valeur réelle	Valeur comptable	Plus-value
Brevets et logiciels	440 000	350 000	90 000
Terrains	460 000	400 000	60 000
Constructions	1 080 000	900 000	180 000
Autres immo. corporelles	1 480 000	1 300 000	180 000
Stocks	580 000	550 000	30 000
Total	4 040 000	3 500 000	540 000

Impôts latents ou différés :

– sur plus-values : 540 000 × 33 1/3 % =	180 000
– sur amortissements dérogatoires : 360 000 × 33 1/3 % =	120 000
– sur frais d'établissement (à déduire) : 60 000 × 33 1/3 % =	– 20 000
	280 000

• Société Basile :

Éléments	Valeur réelle	Valeur comptable	Plus-value
Brevets et logiciels	120 000	80 000	40 000
Terrains	300 000	240 000	60 000
Constructions	600 000	550 000	50 000
Autres immo. corporelles	630 000	570 000	60 000
Stocks	300 000	300 000	
Total	1 950 000	1 740 000	210 000

Impôts latents ou différés :

– sur plus-values : 210 000 × 33 1/3 % =	70 000
– sur provision pour hausse de prix : 90 000 × 33 1/3 % =	30 000
– sur amortissements dérogatoires : 150 000 × 33 1/3 % =	50 000
	150 000

• Société Clotilde :

Éléments	Valeur réelle	Valeur comptable	Plus-value
Brevets et logiciels	230 000	150 000	80 000
Terrains	360 000	300 000	60 000
Constructions	800 000	650 000	150 000
Autres immo. corporelles	1 400 000	1 200 000	200 000
Stocks	240 000	220 000	20 000
Total	3 030 000	2 520 000	510 000

Impôts latents ou différés :

– sur plus-values : 510 000 × 33 1/3 % =	170 000
– sur amortissements dérogatoires : 300 000 × 33 1/3 % =	100 000
– sur frais d'établissement (à déduire) : 30 000 × 33 1/3 % =	– 10 000
	260 000

Actifs réels et passifs exigibles

On pourra ensuite déterminer les actifs réels (hors goodwill et participations) et les passifs exigibles.

• Société Augustin :

Actifs réels :

– immobilisations et stocks :	4 040 000
– clients :	350 000
– autres créances :	140 000
– trésorerie :	120 000
	4 650 000

Passif exigible :

– impôts latents ou différés :	280 000
– provisions :	80 000
– emprunts :	1 400 000
– fournisseurs :	590 000
– autres dettes :	200 000
	2 550 000

• Société Basile :

Actifs réels :

– immobilisations et stocks :	1 950 000
– clients :	320 000
– autres créances :	120 000
– trésorerie :	60 000
	2 450 000

Passif exigible :

– impôts latents ou différés :	150 000
– provisions :	70 000
– emprunts :	550 000
– fournisseurs :	320 000
– autres dettes :	160 000
	1 250 000

• Société Clotilde :

Actifs réels :

– immobilisations et stocks :	3 030 000
– clients :	400 000
– autres créances :	100 000
– trésorerie :	80 000
	3 610 000

Passif exigible :

– impôts latents ou différés :	260 000
– provisions :	200 000
– emprunts :	650 000
– fournisseurs :	440 000
– autres dettes :	300 000
	1 850 000

Soit *a*, *b*, *c* les valeurs intrinsèques des sociétés Augustin, Basile et Clotilde.
On peut écrire :

• Société Augustin : $4\,650\,000 + 5\,000 \times 60\,\% \times \frac{b + 320}{2} = 10\,000\,a + 2\,550\,000$

• Société Basile : $2\,450\,000 + 8\,000 \times 10\,\% \times \frac{c + 260}{2} = 5\,000\,b + 1\,250\,000$

• Société Clotilde : $3\,610\,000 + 10\,000 \times 5\,\% \times \frac{a + 340}{2} = 8\,000\,c + 1\,850\,000$

En résolvant ce système d'équation, on trouvera les valeurs intrinsèques suivantes :

• Société Augustin : *a* = 300 €

• Société Basile : *b* = 280 €

• Société Clotilde : *c* = 240 €

c) Calcul des valeurs retenues des titres des trois sociétés

- Société Augustin : (300 + 340) / 2 = 320 €
- Société Basile : (280 + 320) / 2 = 300 €
- Société Clotilde : (240 – 260) / 2 = 250 €

d) Détermination des goodwills

Les goodwills peuvent être déterminés à partir des formules suivantes :
Goodwill = (Valeur financière – Valeur intrinsèque) / 2 × Nombre d'actions

- Société Augustin : (340 – 300) / 2 × 10 000 = 200 000 €
- Société Basile : (320 – 280) / 2 × 5 000 = 100 000 €
- Société Clotilde : (260 – 240) / 2 × 8 000 = 80 000 €

2. Présentation des écritures de fusion dans la société Augustin

Au préalable, il y a à déterminer les parités d'échange et le nombre de titres émis pour rémunérer les apports de la fusion :

Parités d'échange

- Actions Augustin contre actions Basile : 300 / 320 = 15/16
- Actions Augustin contre actions Clotilde : 250 / 320 = 25/32

Titres émis

• Apports de Basile : 5 000 × 40 % × 15 / 16 =	1 875
• Apports de Clotilde : 8 000 × 90 % × 25/ 32 – 10 000 × 5 % =	5 125
	7 000

L'apport de la société Basile sera effectué à la valeur comptable (les sociétés Augustin et Basile sont sous contrôle commun, puisque la société Augustin détient 60 % du capital de Basile).
L'apport de la société Clotilde sera effectué à la valeur réelle puisque la société Augustin et la société Clotilde sont sous contrôle distinct (sauf si elles ont toutes deux un actionnaire majoritaire commun, ce qui n'est pas précisé dans l'énoncé) et que la fusion est considérée comme effectuée à l'endroit (la société initiatrice est la société Augustin et la société cible la société Clotilde).
On passera alors les écritures suivantes :

	1.01.N		
456	Société Basile, compte d'apport	1 380 000	
	500 000 + 150 000 + 350 000 + 140 000 + 90 000 + 150 000		
101	Capital social *1 875 × 100*		187 500
1042	Prime de fusion		892 500
261	Titres de participation Basile		300 000
	Absorption de la société Basile		

205	Brevets et logiciels	80 000	
207	Fonds commercial	80 000	
211	Terrains	240 000	
212	Constructions	550 000	
218	Autres immobilisations corporelles	570 000	
261	Titres de participation Clotilde	160 000	
3.	Stocks	300 000	
411	Clients	320 000	
4.	Autres créances	120 000	
5.	Trésorerie	60 000	
158	Autres provisions		70 000
16	Emprunts		550 000
401	Fournisseurs		320 000
4.	Autres dettes		160 000
456	Société Basile, compte d'apport		1 380 000
	Réalisation de l'apport		
1042	Prime de fusion	90 000	
1431	Provisions pour hausse de prix		90 000
	Reprise des provisions réglementées		
456	Société Clotilde, compte d'apport	1 840 000	
	8 000 × 250 – 500 × 320		
101	Capital social *5 125 × 100*		512 500
1042	Prime de fusion *5 125 × (320 – 100) + (800 × 250 – 160 000)*		1 167 500
261	Titres de participation Clotilde		160 000
	Absorption de la société Clotilde		
205	Brevets et logiciels	230 000	
207	Fonds commercial	80 000	
211	Terrains	360 000	
212	Constructions	800 000	
218	Autres immobilisations corporelles	1 400 000	
3.	Stocks	240 000	
411	Clients	400 000	
4.	Autres créances	100 000	
5.	Trésorerie	80 000	
155	Provisions pour impôt		260 000
158	Autres provisions		200 000
16	Emprunts		650 000
401	Fournisseurs		440 000
4.	Autres dettes		300 000
456	Société Clotilde, compte d'apport		1 840 000
	Réalisation de l'apport		

9 Le mali de fusion

1. Analyse et comptabilisation du boni de fusion
2. Analyse et comptabilisation du mali de fusion
3. Analyse comptable et fiscale de la dépréciation du mali technique

PRINCIPES CLÉS

- Lorsque la société absorbante a acquis des titres de la société absorbée antérieurement à la date de l'opération de fusion, un boni/mali de fusion peut apparaître lors de l'annulation de ces titres auxquels se substituent les actifs et passifs de la société absorbée.
- Le boni de fusion représente l'écart positif entre l'actif net reçu par la société absorbante à hauteur de sa participation détenue dans la société absorbée, et la valeur comptable de cette participation.
- Le mali de fusion représente l'écart négatif entre l'actif net reçu par la société absorbante à hauteur de sa participation détenue dans la société absorbée, et la valeur comptable de cette participation.

1 Analyse et comptabilisation du boni de fusion

Le boni de fusion est comptabilisé dans le résultat financier à hauteur de la quote-part des résultats accumulés par la société absorbée depuis l'acquisition et non distribués et en capitaux propres pour le montant résiduel ou si les résultats accumulés ne peuvent être déterminés de manière fiable.

Exemple

La société Alpha avait, le 1er janvier N–5, pris une participation de 60 % du capital dans la société Bêta. Pour cela, elle avait fait l'acquisition de 60 000 actions Bêta pour une valeur de 12 000 000 €.
Au moment de la fusion, le 1er janvier N, la situation nette comptable de la société Bêta est de 25 000 000 €, dont 4 000 000 € correspondant à des bénéfices réalisés depuis le 1er janvier N–5 et non distribués. Il sera remis aux actionnaires représentant 40 % du capital de Bêta (actionnaires autres que la société Alpha) 80 000 actions Alpha à la valeur nominale de 50 €.

- La valorisation des apports devant être faite à la valeur comptable (les sociétés Alpha et Bêta étant sous contrôle commun), le prix d'émission des nouvelles actions Alpha est de 25 000 000 × 40 % / 80 000 = 125 €. La prime d'émission sur les nouveaux titres émis est de 125 – 50 = 75 €.
- L'actif net de la société absorbée reçu par la société absorbante à hauteur de sa participation est de 25 000 000 × 60 % = 15 000 000 €.
- Le boni de fusion est de 15 000 000 – 12 000 000 = 3 000 000 €.
- Si les résultats accumulés par la société absorbée et non distribués depuis l'acquisition ne peuvent être déterminés de manière fiable (ce qui n'est pas le cas dans cet exemple) la totalité du boni de fusion serait comptabilisé en capitaux propres (dans la prime de fusion).
- La quote-part des résultats accumulés et non distribués par la société absorbée et revenant à la société absorbante est de 4 000 000 × 60 % = 2 400 000 €.
- Le boni de fusion sera comptabilisé en produits financiers pour 2 400 000 € et en capitaux propres pour le solde, soit 600 000 €.
- La prime de fusion se composera :
  – de la prime d'émission sur les titres émis : 80 000 × 75 = 6 000 000
  – du boni de fusion comptabilisé en capitaux propres : 600 000
  6 600 000

On passera l'écriture suivante :

	1.01.N		
456	Société Bêta, compte d'apport	25 000 000	
101	Capital social *80 000 x 50*		4 000 000
1042	Prime de fusion		6 600 000
261	Titres de participation Bêta		12 000 000
768	Autres produits financiers		2 400 000
	Absorption de la société Bêta		

2 Analyse et comptabilisation du mali de fusion

- Le mali de fusion peut être décomposé en deux éléments :
  - le mali technique proprement dit, qui correspond, à hauteur de la participation antérieurement détenue, aux plus-values latentes sur éléments d'actif comptabilisés ou non dans les comptes de l'absorbée (éléments d'actifs identifiés hors fonds commercial, fonds commercial), déduction faite des passifs non comptabilisés dans les comptes de l'entité absorbée en l'absence d'obligation comptable (par exemple provisions pour retraites, impôts différés passifs). Les plus-values latentes sur éléments d'actif destinés à être revendus à brève échéance sont évaluées nettes d'impôts ;
  - au-delà du mali technique, l'éventuelle dépréciation ou l'éventuel complément de dépréciation de la participation détenue dans l'entité absorbée, nécessaire au moment de la fusion. Cette dépréciation ou ce complément doivent être comptabilisés dans le résultat financier de l'entité absorbante de l'exercice au cours duquel l'opération est réalisée.

- La société absorbante procède à l'affectation du mali technique aux différents actifs apportés concernés et inscrit dans les comptes de l'absorbée, comme suit :
  - si le mali technique est supérieur à la somme des plus-values latentes, estimées de manière fiable, sur les éléments d'actifs identifiés hors fonds commercial, il est affecté aux actifs apportés (dans des comptes spécifiques) et le montant résiduel au fonds commercial ;
  - si le mali technique est inférieur à la somme des plus-values latentes, estimées de manière fiable, sur les éléments d'actifs identifiés hors fonds commercial, il est affecté aux actifs apportés au prorata des plus-values latentes.

Exemple

Reprenons l'exemple présenté dans le § 1 ci-dessus. Au moment de la fusion, l'actif net comptable de la société Bêta n'est plus que de 16 000 000 € (au lieu de 25 000 000 €).
Toutefois, lors de l'évaluation des actifs et des passifs de la société Bêta (pour la détermination de la parité entre titres Alpha et titres Bêta), la valeur réelle de la société Bêta a été estimée à 19 000 000 €.

L'écart entre valeur comptable et valeur réelle (soit 3 000 000 €) s'explique notamment par les éléments suivants (en dehors d'une plus-value sur éléments non identifiés, fonds commercial créé par exemple) :

- plus-values sur brevets 400 000 €
- plus-values sur constructions 2 000 000 €
- provisions pour retraites non comptabilisées – 800 000 €

- Le prix d'émission des nouvelles actions est de 16 000 000 × 40 % / 80 000 = 80 € et la prime d'émission par action de 80 – 50 = 30 €.
- Le mali technique est égal à 3 000 000 × 60 % = 1 800 000 €. Il s'imputera sur les brevets pour 400 000 × 60 % = 240 000 €, sur les constructions pour 2 000 000 × 60 % = 1 200 000 € et sur le fonds commercial pour le solde, soit : 1 800 000 – 240 000 – 1 200 000 = 360 000 €. Il est à noter que le mali technique ne peut s'imputer que sur les éléments d'actifs identifiés hors fonds commercial (et non sur des passifs), le montant résiduel étant affecté au fonds commercial.
- Le complément de dépréciation de la participation dans la société absorbante peut être estimé à 12 000 000 – 16 000 000 × 60 % – 1 800 000 = 600 000 €

On passera alors l'écriture suivante :

	1.01.N		
456	Société Bêta, compte d'apport	16 000 000	
207	Fonds commercial – Mali technique	360 000	
2087	Mali de fusion sur immobilisations incorporelles	240 000	
2187	Mali de fusion sur immobilisations corporelles	1 200 000	
668	Autres charges financières	600 000	
101	Capital social *80 000 x 50*		4 000 000
1042	Prime de fusion *80 000 x 30*		2 400 000
261	Titres de participation Bêta		12 000 000
	Absorption de la société Bêta		

3 Analyse comptable et fiscale de la dépréciation du mali technique

- Le mali technique doit être amorti ou rapporté au résultat selon les mêmes règles et dans les mêmes conditions que les actifs sous-jacents auquel il est affecté.
- La quote-part de mali affectée à des actifs amortissables est amortissable sur la durée d'utilisation résiduelle des actifs.
- Chaque quote-part du mali affecté à un actif sous-jacent subit une dépréciation lorsque la valeur actuelle de l'actif sous-jacent devient inférieure à sa valeur nette comptable, majorée de la quote-part de mali affectée. La dépréciation est imputée en priorité sur la quote-part du mali technique.
- Le mali technique affecté au fonds commercial suit les règles de dépréciation applicables aux fonds commerciaux. Aucune reprise de dépréciation n'est possible.
- Pour l'article 210 A du CGI, l'inscription à l'actif de la société absorbante du mali technique de fusion consécutif à l'annulation des titres de la société absorbée ne peut donner lieu à aucune déduction ultérieure.
- La dépréciation du mali technique n'est pas déductible fiscalement.

Application

Vous êtes appelé(e) à traiter les opérations de fusion des sociétés Barnabé, Casimir et Donald que la société Aristide a effectué en janvier N.
La société Aristide avait acquis au cours des années N–4 à N–1 les participations suivantes :
– participation de 80 % du capital de la société Barnabé pour 200 000 k€ ;
– participation de 70 % du capital de la société Casimir pour 203 000 k€ ;
– participation de 60 % du capital de la société Donald pour 102 000 k€.
Les absorptions ont été réalisées aux conditions suivantes :

• Valeur du titre Aristide : 240 € (valeur nominale 100 €).

• Société Barnabé :
– valeur réelle au 1er janvier N : 300 000 k€ ;
– valeur comptable au 1er janvier N : 280 000 k€ ;
– bénéfices mis en réserves depuis la prise de contrôle : 25 000 k€.

• Société Casimir :
– valeur réelle au 1er janvier N : 280 000 k€ ;
– valeur comptable au 1er janvier N : 210 000 k€ ;

– valeur des éléments dont la valeur est différente de la valeur réelle au 1er janvier N (en k€) :

Éléments	Valeur comptable	Valeur réelle
Terrains	90 000	110 000
Constructions	300 000	340 000
Fonds commercial	0	60 000
Provisions pour retraite	120 000	150 000

Les constructions prises en compte ont une durée de vie résiduelle de 20 ans.
Au 31 décembre N, ces valeurs sont devenues les suivantes (en k€) :

Éléments	Valeur comptable	Valeur réelle
Terrains	90 000	110 000
Constructions	294 000	312 000
Fonds commercial	0	5 000
Provisions pour retraite	140 000	175 000

La valeur actuelle correspond à la valeur la plus élevée de la valeur vénale ou de la valeur d'usage (art. 214-6 al. 3 du PCG).

• Société Donald :

– valeur réelle au 1er janvier N : 180 000 k€ ;
– valeur comptable au 1er janvier N : 150 000 k€ ;
– valeur des éléments dont la valeur est différente de la valeur réelle au 1er janvier N (en k€) :

Éléments	Valeur comptable	Valeur réelle
Terrains	50 000	55 000
Constructions	90 000	110 000
Fonds commercial	0	20 000

Les constructions prises en compte ont une durée de vie résiduelle de 20 ans.
Au 31 décembre N, ces valeurs sont devenues les suivantes (en k€) :

Éléments	Valeur comptable	Valeur réelle
Terrains	50 000	54 000
Constructions	85 000	82 000
Fonds commercial	0	1 000

La valeur actuelle correspond à la valeur la plus élevée de la valeur vénale ou de la valeur d'usage (art. 214-6 al. 3 du PCG).

1. Présenter les écritures d'absorption des différentes sociétés dans les livres de la société Aristide.
2. Présenter une analyse du mali technique constaté sur les sociétés Casimir et Donald.
3. Présenter l'écriture de dépréciation du mali technique au 31 décembre N.
4. Indiquer dans quelle mesure la dépréciation constatée au 31 décembre N est déductible fiscalement.

Corrigé

1. Écritures d'absorption des sociétés

Les sociétés Barnabé, Casimir et Donald étant sous contrôle commun de la société Aristide, les apports seront comptabilisés à la valeur comptable.

Société Barnabé

Il sera émis 300 000 000 × 20 % / 240 = 250 000 actions.

Les actions seront émises à 280 000 000 × 20 % / 250 000 = 224 €.

On distingue un boni de fusion (écart positif entre l'actif net reçu par la société absorbante à hauteur de sa participation détenue dans la société absorbée et la valeur comptable de la participation) de 280 000 × 80 % – 200 000 = 24 000 k€.

Ce boni est comptabilisé dans le résultat financier à hauteur de la quote-part des résultats accumulés par la société absorbée depuis l'acquisition et non distribués, soit 25 000 × 80 % = 20 000 k€, et dans les capitaux propres pour le montant résiduel, soit 24 000 – 20 000 = 4 000 k€.

On passera l'écriture suivante (en k€) :

	1.01.N		
456	Société Barnabé, compte d'apport	280 000	
101	Capital social *250 000 x 0,1*		25 000
1042	Prime de fusion *250 000 x (0,224 – 0,1) + 4 000*		35 000
261	Titres de participation		200 000
768	Autres produits financiers		20 000
	Absorption société Barnabé		

Société Casimir

Il sera émis 280 000 000 × 30 % / 240 = 350 000 actions.

Les actions seront émises à 210 000 000 × 30 % / 350 000 = 180 €

On distingue un mali de fusion qui représente l'écart négatif entre l'actif net reçu par la société absorbante à hauteur de sa participation détenue dans la société absorbée, et la valeur comptable de cette participation, soit :

210 000 × 70 % – 203 000 = 56 000 k€.

Ce mali de fusion peut être décomposé en deux éléments :

a) un mali technique correspondant, à hauteur de la participation antérieurement détenue aux plus-values latentes sur éléments d'actif comptabilisés ou non dans les comptes de l'absorbée, déduction faite des passifs non comptabilisés en l'absence d'obligation comptable dans les comptes de la société absorbée.

Ce mali sera égal à (280 000 – 210 000) × 70 % = 49 000 k€.

Il pourra être analysé comme suit :

• mali de fusion sur terrains : (110 000 – 90 000) × 70 % =	14 000
• mali de fusion sur constructions : (340 000 – 300 000) × 70 % =	28 000
• mali de fusion sur fonds commercial (pour solde) :	7 000
	49 000

b) au delà du mali technique, un solde qui peut être représentatif d'un complément de dépréciation de la participation détenue dans la société absorbée et qui doit être comptabilisé dans le résultat financier de la société absorbante de l'exercice au cours duquel l'opération est réalisée soit 56 000 – 49 000 = 7 000 k€.

On passera l'écriture suivante (en k€) :

	1.01.N		
456	Société Casimir, compte d'apport	210 000	
207	Fonds commercial – Mali technique	7 000	
2187	Mali de fusion sur actifs corporels *14 000 + 28 000*	42 000	
668	Autres charges financières	7 000	
101	Capital social *350 000 x 0,1*		35 000
1042	Prime de fusion *350 000 x (0,18 – 0,1)*		28 000
261	Titres de participation		203 000
	Absorption société Barnabé		

Société Donald

Il sera émis 180 000 000 × 40 % / 240 = 300 000 actions.
Les actions seront émises à 150 000 000 × 40% / 300 000 = 200 €
On distingue également un mali de fusion qui représente l'écart négatif entre l'actif net reçu par la société absorbante à hauteur de sa participation détenue dans la société absorbée, et la valeur comptable de cette participation, soit 150 000 × 60 % – 102 000 = 12 000 k€. Ce mali de fusion pourrait être décomposé en deux éléments : un mali technique et un solde de mali (comme dans le cas de la société Casimir).
Le mali technique correspondrait, à hauteur de la participation antérieurement détenue aux plus-values latentes sur éléments d'actif comptabilisés ou non dans les comptes de l'absorbée déduction faite des passifs non comptabilisés en l'absence d'obligation comptable dans les comptes de la société absorbée, soit :
(180 000 – 150 000) × 60 % = 18 000 k€.
Le mali technique sera comptabilisé pour 12 000 k€ et il n'y a aura pas de solde de mali.

Ce mali technique pourra être d'abord réparti comme suit :

• mali de fusion sur terrain : (55 000 – 50 000) × 60 % =	3 000
• mali de fusion sur construction (110 000 – 90 000) × 60 % =	12 000
	15 000

Si le total trouvé était inférieur à 12 000 k€, le solde serait porté dans le poste « Fonds commercial », ce qui n'est pas le cas dans cette application.
Comme le total trouvé est supérieur à 12 000 k€, il y aura lieu de l'affecter au prorata des plus-values latentes.
On aura donc la répartition suivante :

• mali de fusion sur terrain : 3 000 × 12 000 / 15 000 =	2 400
• mali de fusion sur construction : 12 000 × 12 000 / 15 000 =	9 600
	12 000

On passera l'écriture suivante (en k€) :

	1.01.N		
456	Société Donald, compte d'apport	150 000	
2187	Mali de fusion sur actifs corporels *2 400 + 9 600*	12 000	
101	Capital social *300 000 x 0,1*		30 000
1042	Prime de fusion *300 000 x (0,2 – 0,1)*		30 000
261	Titres de participation		102 000
	Absorption société Barnabé		

2. Analyse des malis techniques constaté sur les sociétés Casimir et Donald

On présentera les tableaux suivants :

Pour la société Casimir

Il est à noter que l'affectation du mali ne s'effectue qu'entre les actifs (les provisions pour retraite ne sont pas prises en compte).

• Au 1er janvier N :

Éléments	Valeurs comptables	Valeurs réelles	Plus-values	Affectation du mali
Terrains	90 000	110 000	20 000	14 000
Constructions	300 000	340 000	40 000	28 000
Fonds commercial				7 000
Total	390 000	450 000	60 000	49 000

L'affectation du mali s'effectue proportionnellement aux plus-values latentes, le solde étant affecté au fonds commercial.

• Au 31 décembre N :

Éléments	Valeurs comptables	Affectation du mali	Amortissement du mali	Total net	Valeurs réelles	Dépréciation du mali
Terrains	90 000	14 000		104 000	120 000	0
Constructions	294 000	28 000	1 400	320 600	312 000	8 600
Fonds commercial	0	7 000		7 000	5 000	2 000
Total	384 000	49 000	1 400	431 600	437 000	10 600

On constatera un amortissement du mali (sur la construction) de 28 000/20 = 1 400 k€, ainsi qu'une dépréciation du mali de 10 600 k€.

Pour la société Donald

• Au 1er janvier N :

Éléments	Valeurs comptables	Valeurs réelles	Plus-values	Affectation du mali
Terrains	50 000	55 000	5 000	2 400
Constructions	90 000	110 000	20 000	9 600
Fonds commercial				0
Total	140 000	165 000	25 000	12 000

• Au 31 décembre N :

Éléments	Valeurs comptables	Affectation du mali	Amortissement mali	Total	Valeurs réelles	Dépréciation élément	Dépréciation du mali
Terrains	50 000	2 400		52 400	54 000	0	0
Constructions	85 000	9 600	480	94 120	82 000	3 000	9 120
Fonds commercial	0	0		0	10 000		
Total	135 000	12 000	480	146 520	146 000	3 000	9 120

On constatera un amortissement du mali (sur la construction) de 9 600/20 = 480 k€.
On constatera également une dépréciation de 3 000 + 9 120 = 12 120 k€. Celle-ci s'imputera d'abord sur le mali de la construction (après amortissement), soit 9 600 – 480 = 9 120 k€, et sur la construction proprement dite, soit 85 000 – 82 000 = 3 000 k€.

3. Écriture de dépréciation du mali technique

Il y a lieu de constater la dépréciation des malis techniques comptabilisés mais aussi la dépréciation de la construction.
On passera les écritures suivantes (en k€) :

	31.12.N		
6811	Dotations aux amortissements des immobilisations incorporelles et corporelles	1880	
28187	Amortissement du mali de fusion sur actifs corporels *1 400 + 480*		1880
6816	Dotations aux dépréciations des immobilisations incorporelles et corporelles	3 000	
2913	Dépréciation des constructions *85 000 – 82 000*		3 000
6816	Dotations aux dépréciations des immobilisations corporelles et incorporelles	19 720	
2907	Dépréciation du fonds commercial – Mali de fusion		2 000
29187	Dépréciation du mali de fusion sur immobilisations corporelles *8 600 + 9 120* *10 600 + 9 120*		17 720

4. Déductions fiscales

a) Boni de fusion

La fusion est censée être placée sous le régime spécial. Ce régime exonére la plus-value éventuellement dégagée par la société absorbante lors de l'annulation des actions qui correspondent à ses droits dans la société absorbée.
En conséquence, la quote-part de la plus-value exonérée comptabilisée dans le résultat financier (soit 20 000 k€) doit faire l'objet d'une déduction extra-comptable au tableau 2058-A.

b) Mali technique

La dotation de 1880 k€ (pour les amortissements) et de 19 720 k€ (pour les dépréciations) que nous avons constatée ci-dessus n'est pas déductible (voir ci-dessus titre 3).

c) Mali de fusion constaté en plus du mali technique

Le mali de fusion constaté en autres charges financières dans l'absorption de la société Casimir est en principe constitutif d'une moins-value admissible au régime du long terme.

d) Dépréciation de la construction

Quant à ce qui concerne la dépréciation de la construction, il n'existe pas d'interdiction de principe en ce qui concerne la possibilité de constater une dépréciation en supplément de l'amortissement, à la condition qu'il soit effectivement établi que la valeur vénale de l'actif en cause est inférieure à sa valeur nette comptable, que cette dépréciation soit probable, et ne revête pas un caractère irréversible.

Apports partiels d'actif et scissions 10

PRINCIPES CLÉS

- Un apport partiel d'actif est l'opération par laquelle une société fait apport à une autre société (nouvelle ou déjà créée) d'une partie de ses éléments d'actif et reçoit, en échange, des titres émis par la société bénéficiaire des apports.
- Une scission est une opération dans laquelle le patrimoine d'une société est transmis, soit à deux ou plusieurs sociétés existantes, soit à deux ou plusieurs sociétés nouvelles.
- Apports partiels d'actifs et scissions obéissent aux règles juridiques, fiscales et comptables des fusions (avec quelques particularités).

1 Aspects juridiques

- La scission est réglementée par les articles L 236-16 à L 236-21 du Code de commerce qui renvoient pour l'essentiel aux articles traitant de la fusion proprement dite. Elle est décidée par l'assemblée générale de chacune des sociétés qui participent à l'opération. La nomination d'un ou plusieurs commissaires à la fusion chargés d'établir, sous leur responsabilité un rapport sur les modalités de la scission sont obligatoires. Il doit être établi un projet de scission présenté conformément à l'article R. 231-6 du Code de commerce (*voir fiche 2*) qui doit faire notamment l'objet d'un dépôt au tribunal de commerce des sociétés participantes.
- L'apport partiel d'actif est un cas particulier de scission, dans laquelle la société apporteuse continue d'exister (alors que dans le cas d'une scission, il y a liquidation de la société scindée). L'article L. 236-22 du Code de commerce précise que « la société qui apporte une partie de son actif à une autre société et la société qui bénéficie de cet apport peuvent décider d'un commun accord de soumettre l'opération aux dispositions des articles L. 236-16 à L. 236-21 ».

2 Aspects fiscaux

- L'article 210 B du CGI précise que les dispositions de l'article 210 A (*voir fiche 3*) s'appliquent à l'apport partiel d'actif d'une branche complète d'activité ou d'éléments assimilés lorsque la société apporteuse prend l'engagement dans l'acte d'apport de conserver pendant trois ans les titres remis en contrepartie de l'apport et de calculer ultérieurement les plus-values de cession afférentes à ces mêmes titres par référence à la valeur que les biens apportés avaient, du point de vue fiscal, dans ses propres écritures.
- Il précise également que les dispositions de l'article 210 A s'appliquent à la scission de société comportant au moins deux branches complètes d'activités lorsque chacune des sociétés bénéficiaires des apports reçoit une ou plusieurs de ces branches et que les associés de la société scindée s'engagent, dans l'acte de scission, à conserver pendant trois ans les titres représentatifs de l'apport qui leur ont été répartis proportionnellement à leurs droits dans le capital.

3 Aspects comptables

Les apports sont évalués à la valeur comptable ou à la valeur réelle, selon la situation de contrôle au moment de l'opération et le sens de l'opération (entités sous contrôle commun ou sous contrôle distinct, opérations à l'endroit ou à l'envers – *voir fiche 1*).

Remarque

- L'article 710-1 du PCG précise que seuls sont concernés les apports partiels d'actifs constituant une branche d'activité. Un apport partiel constituant une branche d'activité est une opération par laquelle une société apporte un ensemble d'actifs et de passifs constituant une branche autonome à une autre personne morale et reçoit en échange des titres remis par la société bénéficiaire des apports.
- En cas de filialisation d'une branche d'activité appelée à être cédée à une société sous contrôle distinct, la notion d'opération doit être analysée en tenant compte de l'objectif de cession qui préside à la filialisation. Cet objectif se matérialise par l'existence d'un engagement préalable de cession ou d'introduction en bourse en vigueur lors de la filialisation, conduisant à une perte de contrôle et mentionné explicitement dans le traité d'apport.

Application

La société Brigitte est une filiale de la société Aline qui possède 60 % de son capital (soit 600 000 actions acquises pour 90 000 000 €).
Elle est organisée en trois branches d'activités autonomes « Électricité », « Électronique », « Automatismes ».
Il est envisagé une scission, avec effet au 1er janvier N, de la société Brigitte avec un apport de la branche « Électricité » à la société Aline, un apport de la branche « Électronique » à une société existante indépendante, la société Colette et un apport de la branche « Automatismes » à une société nouvelle à constituer, la société Denise.
Il vous est fourni en annexe le bilan résumé de la société Brigitte et la répartition de ses actifs et passifs entre les sociétés bénéficiaires des apports.
La valeur d'échange des actions Aline est fixée à 260 € (nominal 100 €), des actions Colette à 150 € (nominal 100 €) et Denise à la valeur nominale soit 100 €.

1. **Déterminer les conditions de la scission. On appliquera le régime de faveur des articles 210 A et 210 B du CGI. Le taux de l'impôt sera de 33 1/3 %.**
2. **Présenter les écritures correspondantes dans les sociétés Aline, Brigitte, Colette et Denise (promesses d'apport et dissolution).**

Annexe 1 : Bilan de la société Brigitte au 31 décembre N–1 (en k€)

Fonds commercial	10 000	Capital	100 000
Terrains	50 000	Réserves	120 000
Autres immo. corporelles	200 000	Résultat de l'exercice	20 000
Stocks	80 000	Emprunts	60 000
Créances et liquidités	60 000	Autres dettes	100 000
Total	400 000	Total	400 000

Annexe 2 : Analyse de l'apport de la branche « Électricité » (en k€)

Eléments	Valeurs comptables	Valeurs réelles
Fonds commercial	10 000	20 000
Terrains	16 000	20 000
Autres immobilisations corporelles	70 000	95 000
Stocks	20 000	25 000
Créances et liquidités	20 000	20 000
Emprunts	– 15 000	– 15 000
Autres dettes	– 25 000	– 25 000
Total	96 000	140 000

Annexe 3 : Analyse de l'apport de la branche « Electronique» (en k€)

Eléments	Valeurs comptables	Valeurs réelles
Fonds commercial	0	25 000
Terrains	12 000	13 000
Autres immobilisations corporelles	50 000	62 000
Stocks	22 000	25 000
Créances et liquidités	17 000	17 000
Emprunts	– 17 000	– 17 000
Autres dettes	– 30 000	– 30 000
Total	54 000	95 000

Annexe 4 : Analyse de l'apport de la branche « Automatismes » (en k€)

Eléments	Valeurs comptables	Valeurs réelles
Fonds commercial	0	40 000
Terrains	22 000	28 000
Autres immobilisations corporelles	80 000	100 000
Stocks	38 000	39 000
Créances et liquidités	23 000	23 000
Emprunts	– 28 000	– 28 000
Autres dettes	– 45 000	– 45 000
Total	90 000	157 000

Corrigé

1. Conditions de la scission

Le régime de faveur des articles 210 A et 210 B du CGI étant applicables, il y a lieu de déterminer les impôts différés qui seraient dus dans le cadre d'une comptabilisation à la valeur réelle. Ces impôts porteront sur les plus-values dégagés sur les immobilisations corporelles amortissables (c'est-à-dire l'ensemble des immobilisations à l'exception des terrains) et sur les stocks.

- Apports branche « Électricité » : [(95 000 – 70 000) + (25 000 – 20 000)] × 33 1/3 % = 10 000 k€.
- Apports branche « Électronique » : [(62 000 – 50 000) + (25 000 – 22 000)] × 33 1/3 % = 5 000 k€.
- Apports branche « Automatismes » : [(100 000 – 80 000) + (39 000 – 38 000)] × 33 1/3 % = 7 000 k€.

Compte tenu de ces impôts différés, les montants nets des apports en valeur réelle seront de :

- Apports branche « Électricité » : 140 000 – 10 000 = 130 000 k€.
- Apports branche « Électronique » : 95 000 – 5 000 = 90 000 k€.
- Apports branche « Automatismes » : 157 000 – 7 000 = 150 000 k€.

On peut en déduire le nombre de titres émis :

- Apports branche « Électricité » : cet apport est effectué auprès de la société Aline qui possède déjà 60 % du capital de la société Brigitte. Il ne sera donc créé de titres Aline que pour rémunérer les autres 40 % des propriétaires du capital de Brigitte. On émettra donc 130 000 000 × 40 % / 260 = 200 000 actions Aline.
- Apports branche « Électronique » : on émettra 90 000 000 / 150 = 600 000 actions Colette.

• Apports branche « Automatismes » : on émettra 150 000 000 / 100 = 1 500 000 actions Denise (dont 60 % soit 900 000 seront remis à la société Aline).

2. Écritures comptables

a) Société Aline

L'apport partiel d'actif de la société Brigitte à la société Aline sera effectué à la valeur comptable puisque les sociétés Brigitte et Aline sont sous contrôle commun.
Le capital de la société Brigitte était composé de 600 000 / 60 % = 1 000 000 actions et la valeur comptable de chacune de ces actions au 31 décembre N–1 est de (100 000 000 + 120 000 000 + 20 000 000) / 1 000 000 = 240 €.
L'apport de la société Brigitte correspond à 96 000 000 / 240 = 400 000 actions (dont 60 % soit 240 000 possédées par la société Aline, acquises au prix de 90 000 000 / 600 000 = 150 €).
Comme il est émis 200 000 titres nouveaux pour remplacer 40 % de 400 000 soit 160 000 existants, la valeur comptable correspondante pour les titres Aline est de :
240 × 160 000 / 200 000 = 192 €.
La prime de fusion sera de :
– prime d'émission sur les nouveaux titres : 200 000 × (192 – 100) = 18 400 000
– boni de fusion sur anciens titres : 240 000 × (240 – 150) = 21 600 000
40 000 000

On passera l'écriture suivante :

	1.01.N		
456	Société Brigitte, compte d'apport	96 000 000	
101	Capital social *200 000 × 100*		20 000 000
1042	Prime de fusion		40 000 000
261	Titres de participation *240 000 × 150*		36 000 000
	Apport partiel branche « Electricité »		

Pour l'échange des titres Brigitte par les titres Colette et Denise, on ne passera aucune écriture, aucune transaction monétaire n'ayant été effectuée lors de cet échange et les immobilisations financières ne pouvant dans le PCG être réévaluées.

b) Société Brigitte

Les écritures enregistrées seront des écritures de cession des actifs puis de partage. Ils seront effectués aux valeurs réelles, seules valeurs valables pour déterminer les droits de chacun.

On passera les écritures suivantes (en passant directement par un compte de résultat de scission) :

	1.01.N		
456	Société Aline	130 000 000	
16	Emprunts	15 000 000	
4.	Autres dettes	25 000 000	
207	Fonds commercial		10 000 000
211	Terrains		16 000 000
21.	Autres immobilisations corporelles		70 000 000
3.	Stocks		20 000 000
4/5.	Créances et liquidités		20 000 000
121	Résultat de la scission		34 000 000
	140 000 – 96 000 – 10 000 (impôts sur plus-values) k€		
	Cession branche « Electricité »		

456	Société Colette	90 000 000	
16	Emprunts	17 000 000	
4.	Autres dettes	30 000 000	
211	Terrains		12 000 000
21.	Autres immobilisations corporelles		50 000 000
3.	Stocks		22 000 000
4/5.	Créances et liquidités		17 000 000
121	Résultat de la scission		36 000 000
	95 000 – 54 000 – 5 000 (impôts sur plus-values) k€		
	Cession branche « Electronique »		
456	Société Denise	150 000 000	
16	Emprunts	28 000 000	
4.	Autres dettes	45 000 000	
211	Terrains		22 000 000
21.	Autres immobilisations corporelles		80 000 000
3.	Stocks		38 000 000
4/5.	Créances et liquidités		23 000 000
121	Résultat de la scission		60 000 000
	157 000 – 90 000 – 7 000 (impôts sur plus-values) k€		
	Cession branche « Automatismes »		
101	Capital social	100 000 000	
110	Réserves	120 000 000	
120	Résultat de l'exercice	20 000 000	
121	Résultat de la scission *34 000 + 36 000 + 60 000 k€*	130 000 000	
456	Société Aline *370 000 000 × 60 %*		222 000 000
456	Autres actionnaires		148 000 000
	Répartition capitaux propres		
456	Société Aline *144 000 000 + 78 000 000*	222 000 000	
456	Autres actionnaires	148 000 000	
456	Société Aline		130 000 000
456	Société Colette		90 000 000
456	Société Denise		150 000 000
	Attribution des titres et solde des comptes		

- La société Aline recevra réellement 600 000 × 60 % = 360 000 actions Colette à 150 € pour 54 000 k€ et 1 500 000 × 60 % = 900 000 actions Denise à 100 € pour 90 000 k€, soit au total 144 000 k€. Elle renoncera à la quote-part qui lui revient dans la société Brigitte pour l'apport de la branche « Électricité » soit 130 000 k€ × 60 % = 78 000 k€.
- Les autres actionnaires recevront réellement 200 000 actions Aline à 260 € pour 52 000 k€, 600 000 × 40 % = 240 000 actions Colette à 150 € pour 36 000 k€ et 1 500 000 × 40 % = 600 000 actions Denise à 100 € pour 60 000 k€, soit au total 148 000 k€.

c) Société Colette

Les sociétés Brigitte et Colette étant sous contrôle distinct, les apports seront comptabilisés à la valeur réelle.

On passera l'écriture suivante :

	1.01.N		
456	Société Brigitte, compte d'apport	90 000 000	
101	Capital social *600 000 × 100*		60 000 000
1042	Prime de fusion *600 000 × (150 –100)*		30 000 000
	Apport partiel branche « Électronique »		

d) Société Denise

Les apports devraient être comptabilisés à la valeur comptable. Les sociétés apporteuse (Brigitte) et bénéficiaire (Denise) étant sous contrôle commun de la société Aline. Cependant, la valeur réelle doit être retenue car la valeur comptable serait insuffisante pour assurer la libération du capital.

On passera l'écriture suivante :

	1.01.N		
456	Société Brigitte, compte d'apport	150 000 000	
101	Capital social *1 500 000 × 100*		150 000 000
	Apport partiel branche « Automatismes »		

11 Périmètre de consolidation

PRINCIPES CLÉS

- Selon l'article L. 233-16 du Code de commerce, les sociétés commerciales doivent établir et publier chaque année des comptes consolidés « dès lors qu'elles contrôlent de manière exclusive ou conjointe une ou plusieurs autres entreprises. Il n'y a pas d'obligation de consolidation de consolidation pour les sociétés qui ne détiennent que des entreprises sous influence notable. L'article L. 233-17-2 précise toutefois que « sont comprises dans la consolidation les filiales ou participations contrôlées de manière exclusive ou conjointe ou sur lesquelles est exercée une influence notable »..
- Ces sociétés doivent utiliser les normes comptables internationales pour établir ces comptes consolidés (*voir fiche 1*) si elles font appel public à l'épargne sur un marché réglementé (article 4 du règlement européen 1606/2002 du 19 juillet 2002 sur l'application des normes comptables internationales).
- Si elles ne font pas appel public à l'épargne, elles peuvent (article L. 233-24 du Code de commerce) soit utiliser les règles comptables prévues par les articles L. 233-18 à L. 233-23 et L. 233-25 du Code de commerce (et les textes dérivés, dont notamment le règlement 99-02 du Comité de la réglementation comptable relatif aux comptes consolidés des sociétés commerciales et entreprises publiques ou RRCC), soit utiliser, sur option, les normes comptables internationales.
- Définir un périmètre de consolidation, c'est déterminer les sociétés qu'il faut prendre en compte pour l'établissement des comptes consolidés.

1 Notions de contrôle exclusif, de contrôle conjoint et d'influence notable

Ces notions sont définies par les articles L. 233-16 et L. 233-17-2 du Code de commerce le RRCC ainsi que par les normes IFRS 10, IFRS 11 et IAS 28. Les définitions données de part et d'autre sont assez semblables.

a. Définitions du règlement relatif aux comptes consolidés

■ *Entreprises sous contrôle exclusif*

Le contrôle exclusif est le pouvoir de diriger les politiques financière et opérationnelle d'une entreprise afin de tirer avantage de ses activités. Il résulte :

- soit de la détention directe ou indirecte de la majorité des droits de vote dans une autre entreprise ;
- soit de la désignation, pendant deux exercices successifs de la majorité des membres des organes d'administration, de direction ou de surveillance d'une autre entreprise ; l'entreprise consolidante est présumée avoir effectué cette désignation lorsqu'elle a disposé, au cours de cette période, directement ou indirectement, d'une fraction supérieure à 40 % des droits de vote et qu'aucun autre associé ou actionnaire ne détenait, directement ou indirectement, une fraction supérieure à la sienne ;
- soit du droit d'exercer une influence dominante sur une entreprise en vertu d'un contrat ou de clauses statutaires, lorsque le droit applicable le permet ; l'influence dominante existe dès lors que, dans les conditions décrites ci-dessus, l'entreprise consolidante a la possibilité d'utiliser ou d'orienter l'utilisation des actifs de la même façon qu'elle contrôle ses propres actifs.

■ *Entreprises sous contrôle conjoint*

Le contrôle conjoint est le partage du contrôle d'une entreprise exploitée en commun par un nombre limité d'associés ou d'actionnaires, de sorte que les politiques financière et opérationnelle résultent de leur accord.

■ *Entreprises sous influence notable*

L'influence notable est le pouvoir de participer aux politiques financière et opérationnelle d'une entreprise sans en détenir le contrôle. L'influence notable sur les politiques financière et opérationnelle d'une entreprise est présumée lorsque l'entreprise consolidante dispose, directement ou indirectement, d'une fraction au moins égale à 20 % des droits de vote de cette entreprise.

b. Définitions des IFRS (normes comptables internationales)

■ *IFRS 10 (annexe A)*

Le contrôle d'une entité faisant l'objet d'un investissement est ainsi défini : « Un investisseur contrôle une entité faisant l'objet d'un investissement lorsqu'il est exposé ou qu'il a droit à des rendements variables en raison de ses liens avec l'entité faisant l'objet d'un investissement et qu'il a la capacité d'influer sur ces rendements du fait du pouvoir qu'il détient sur celle-ci. »

■ *IAS 11 (annexe A)*

Le contrôle conjoint est le « partage contractuellement convenu du contrôle exercé sur une entreprise (ou une opération), qui n'existe que dans le cas où les décisions concernant les activités pertinentes requièrent le consentement unanime des parties partageant le contrôle ».

■ *IAS 28 (§ 3)*

L'influence notable est le pouvoir de participer aux décisions de politique financière et opérationnelle de l'entreprise détenue (appelée par la norme « entité associée »), sans toutefois exercer un contrôle ou un contrôle conjoint sur ces politiques.

2 Méthodes de consolidation

Selon la relation de la société mère avec les entreprises faisant partie du groupe on peut déterminer les méthodes de consolidation applicables :

Relation	Règles françaises	Normes IFRS
Contrôle (exclusif)	Intégration globale	Consolidation
Contrôle conjoint	Intégration proportionnelle	Mise en équivalence
Influence notable	Mise en équivalence	Mise en équivalence

Remarque

Les termes intégration globale et consolidation correspondent à la même opération.

- **L'intégration globale** (consolidation en IFRS) consiste à :
- intégrer dans les comptes de l'entreprise consolidante les éléments des comptes des entreprises consolidées, après retraitements éventuels ;
- répartir les capitaux propres et le résultat entre les intérêts de l'entreprise consolidante et les intérêts des autres actionnaires ou associés dits « intérêts minoritaires » ou « participations ne donnant pas le contrôle » (en IFRS) ;
- éliminer les opérations et comptes entre l'entreprise intégrée globalement et les autres entreprises consolidées.

- **L'intégration proportionnelle** consiste à :
- intégrer dans les comptes de l'entreprise consolidante la fraction représentative de ses intérêts dans les comptes de l'entreprise consolidée, après retraitements éventuels ; aucun intérêt minoritaire n'est donc constaté ;
- éliminer les opérations et comptes entre l'entreprise intégrée proportionnellement et les autres entreprises consolidées.

- **La mise en équivalence** consiste à :
- substituer à la valeur comptable des titres détenus, la quote-part des capitaux propres, y compris le résultat de l'exercice déterminé d'après les règles de consolidation ;
- éliminer les opérations et comptes entre l'entreprise mise en équivalence et les autres entreprises consolidées.

3 Exceptions à l'obligation de présenter des comptes consolidés

a. Règles françaises

Selon l'article L. 233-17 du Code de commerce, ne sont pas tenues de présenter les comptes consolidés :
- les sociétés non cotées lorsqu'elles sont elles-mêmes sous le contrôle d'une entreprise qui les inclut dans ses comptes consolidés et publiés ; l'exemption est subordonnée à la condition qu'un ou plusieurs actionnaires de l'entreprise contrôlée représentant au moins un dixième de son capital social ne s'y opposent pas ;
- les sociétés dont l'ensemble constitué avec les entreprises qu'elle contrôle ne dépasse pas pendant deux exercices successifs une taille déterminée par référence à deux de trois critères fixés par décret (chiffre d'affaires : 48 millions d'euros, total du bilan : 24 millions d'euros, effectif : 250).

b. Règles internationales

Selon IFRS 10 § 4, une société mère n'a pas l'obligation de présenter des états financiers consolidés si toutes les conditions suivantes sont remplies :
- il s'agit d'une filiale entièrement détenue, ou encore d'une filiale partiellement détenue par une autre entité et tous ses autres propriétaires, y compris ceux qui ne sont généralement pas habilités à voter, ont été informés que la société mère ne présente pas d'états financiers consolidés et ne s'y opposent pas ;
- ses instruments de dette ou de capitaux propres ne sont pas négociés sur un marché organisé (une bourse des valeurs nationale ou étrangère ou un marché de gré à gré, y compris un marché local ou régional) ;
- elle n'a pas déposé, et n'est pas en voie de déposer, ses états financiers auprès d'une autorité de réglementation des valeurs mobilières ou d'une autre autorité de réglementation, aux fins d'émettre des instruments d'une catégorie quelconque sur un marché organisé ;
- sa société mère ultime ou l'une de ses sociétés mères intermédiaires produit des états financiers consolidés mis à la disposition du public, qui sont conformes aux normes IFRS.

4 Exemption à l'obligation d'intégrer toutes les filiales ou participations

a. Règles françaises

Selon l'article L. 233-19 du Code de commerce, une filiale ou une participation peuvent être laissées en dehors de la consolidation lorsque :

- des restrictions sévères et durables remettent en cause substantiellement le contrôle ou l'influence exercée par la société consolidante sur la filiale ou la participation ou les possibilités de transfert de fonds par la filiale ou la participation ;
- les actions ou parts de cette filiale ou participation ne sont détenues qu'en vue de leur cession ultérieure ;
- la filiale ou la participation ne représente, seule ou avec d'autres, qu'un intérêt négligeable par rapport à l'objectif d'image fidèle ;
- les informations nécessaires à l'établissement des comptes consolidés ne peuvent être obtenues sans frais excessifs ou dans des délais compatibles.

b. Règles internationales

En normes IFRS, les états financiers consolidés doivent comprendre toutes les filiales de la société mère, y compris celles dont le contrôle est destiné à être temporaire du fait que la filiale est acquise et détenue exclusivement en vue de sa cession dans un délai de douze mois lesquelles doivent être comptabilisées selon la norme IFRS 5 « Actifs non courants détenus en vue de la vente et activités abandonnées ».

5 Cas des entités « ad hoc »

On appelle « entités ad hoc » une structure juridique distincte, créée spécifiquement pour gérer une opération ou un groupe d'opérations similaires pour le compte d'une entreprise.

L'entité ad hoc est structurée ou organisée de manière telle que son activité n'est en fait exercée que pour le compte de cette entreprise, par mise à disposition d'actifs ou fourniture de biens, de services ou de capitaux.

En normes françaises comme en normes internationales, une entité ad hoc est comprise dans le périmètre de consolidation dès lors qu'une ou plusieurs entreprises contrôlées ont en substance en vertu de contrats, d'accords, de clauses statutaires, le contrôle de la dite entité.

Application

Le directeur financier de la société Adèle a consulté votre cabinet d'expertise comptable car il pense devoir établir des comptes consolidés pour l'exercice N. Il vous fournit l'organigramme du groupe (annexe 1) et des informations portant sur certaines sociétés du groupe (annexe 2).

Indiquer dans un tableau :
- **la nature du contrôle ;**
- **la méthode de consolidation en normes françaises (RRCC) ;**
- **la méthode de consolidation en normes IFRS.**

Annexe 1 : Organigramme du groupe (% de détention du capital)

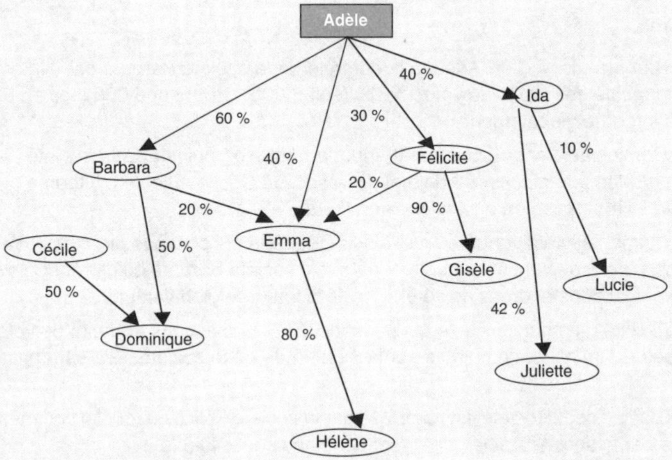

Annexe 2 : Informations portant sur certaines sociétés du groupe

- Société Barbara : société au capital de 10 000 actions dont 1 000 actions à dividende prioritaire sans droit de vote. La société Adèle possède 6 000 actions dont 200 sans droit de vote.
- Société Dominique : cette société est une filiale commune des sociétés Cécile et Barbara qui en assument la gestion paritairement.
- Société Hélène : société étrangère dont les actions ne sont détenues qu'en vue d'une cession ultérieure.
- Société Ida : société au capital de 20 000 actions dont 5 000 actions à vote double. La société Adèle possède 8 000 actions dont 4 600 à vote double.
- Société Juliette : société contrôlée par la société Ida qui a désigné plus de la moitié des membres du conseil d'administration.

Corrigé

Sociétés	Nature du contrôle	Méthode en RRCC	Méthode en IFRS
Barbara	Contrôle exclusif	Intégration globale	Consolidation
Dominique	Contrôle conjoint	Intégration proportionnelle	Mise en équivalence
Emma	Contrôle exclusif	Intégration globale	Consolidation
Félicité	Influence notable	Mise en équivalence	Mise en équivalence
Gisèle	Pas de contrôle	Exclusion	Exclusion
Hélène	Contrôle exclusif	Intégration globale ou exclusion	Consolidation
Ida	Contrôle exclusif	Intégration globale	Consolidation
Juliette	Contrôle exclusif	Intégration globale	Consolidation
Lucie	Pas de contrôle	Exclusion	Exclusion

Commentaires

- Société Barbara : la société Adèle a le contrôle de la société Barbara car elle est titulaire de plus de la moitié des droits de vote : 5 800 (soit 6 000 – 200) sur 9 000 (soit 10 000 – 1 000). Elle sera intégrée globalement.
- Société Dominique : cette société est sous le contrôle conjoint de la société Barbara, elle-même contrôlée par la société Adèle et de la société Cécile. Elle sera intégrée proportionnellement en RRCC (mise en équivalence en IFRS).
- Société Emma : elle est contrôlée par la société Adèle qui possède directement 40 % des actions et des droits de vote et indirectement (par la société Barbara qu'elle contrôle qui possède 20 % de ces actions et droits de vote). Elle sera intégrée globalement.
- Société Félicité : la société Adèle qui possède 30 % des actions et droits de vote a ce qu'on peut appeler une influence notable sur la gestion de cette société. Elle sera mise en équivalence.
- Société Gisèle : cette société est contrôlée par la société Félicité, laquelle cependant n'est pas contrôlée par la société Adèle ; elle n'est donc pas consolidable.
- Société Hélène : cette société est contrôlée par la société Emma. Elle devrait être intégrée globalement : toutefois, elle peut être laissée (en normes françaises) en dehors de la consolidation car elle est appelée à être cédée.
- Société Ida : cette société est contrôlée par la société Adèle car celle-ci a la majorité des droits de vote : 12 600 (8 000 + 4 600) sur 25 000 (10 000 + 5 000). Elle sera intégrée globalement.
- Société Juliette : cette société est contrôlée par la société Ida qui a désigné plus de la moitié des membres du conseil d'administration (en règles françaises, il y a présomption de contrôle puisque le pourcentage des droits de vote et des actions est supérieur à 40 %). Elle sera intégrée globalement.
- Société Lucie : cette société n'est pas contrôlée, ni directement ni indirectement par la société Adèle (10 % de droits de vote). Elle n'est pas consolidable.

Pourcentages de contrôle et d'intérêt 12

PRINCIPES CLÉS

Le pourcentage de contrôle représente le pourcentage de droits de vote que peut avoir la société consolidante, soit directement, soit indirectement sur une filiale ou une participation : le pourcentage d'intérêt représente la quote-part du patrimoine de la filiale ou de la participation que possède la société consolidante.
La détermination de ces pourcentages est utile pour les raisons suivantes :
- le pourcentage de contrôle permet de déterminer si une société entre dans le périmètre de consolidation et quelle méthode lui est applicable ;
- le pourcentage d'intérêt permet de déterminer les intérêts majoritaires et minoritaires directs ou indirects, en particulier dans le cas d'une consolidation directe.

1 Détermination des pourcentages de contrôle et d'intérêt

- Pour déterminer le pourcentage de contrôle, il y a lieu de déterminer le rapport entre le nombre de droits de vote dont dispose directement (ou indirectement) la société mère et le nombre de droits de vote attachés aux titres de la filiale ou participation.
- Pour déterminer le pourcentage d'intérêt, il y a lieu de déterminer le rapport entre le capital qui appartient directement (ou indirectement) à la société mère et le capital de la filiale ou de la participation.

Exemple

La société A est la société mère d'un groupe composé des sociétés A, B et C.
La société A est propriétaire de 6 300 actions B (sur 9 000) dont 1 000 actions à vote double (sur 2 000) et 500 actions à dividende prioritaire sans droit de vote (sur 1 000).
La société B est propriétaire de 4 000 actions C (sur 5 000). Il n'existe pas dans la société C d'actions à vote double et d'actions sans droit de vote.
Le nombre de droits de vote sur la société B que possède la société A est de 6 300 – 1 000 + 1 000 × 2 – 500 = 6 800.
Le nombre de droits de vote attachés aux actions de la société B est de 9 000 – 2 000 + 2 000 × 2 – 1 000 = 10 000.
Le pourcentage de contrôle de A sur B est de 6 800 / 10 000 = 68 %.
Le pourcentage d'intérêt de A dans B est de 6 300 / 9 000 = 70 %.
Le nombre de droits de vote sur la société C que possède la société B est de 4 000.
Le nombre de droits de vote attachés aux actions de la société B est de 5 000.
Le pourcentage de contrôle de B sur C est de 4 000 / 5 000 = 80 %.
Le pourcentage d'intérêt de B dans C est de 4 000 / 5 000 = 80 %.
Le pourcentage de contrôle de A sur C est le même que celui de B sur C puisque A contrôle B.
Le pourcentage d'intérêt de A dans C est de 70 % × 80 % = 56 % .

2 Problèmes posés par les participations réciproques ou circulaires

En cas de participations réciproques (celles-ci ne sont autorisées que pour des fractions inférieures à 10 % du capital) ou circulaires, le calcul des pourcentages de contrôle doit tenir compte des actions détenues au titre de l'autocontrôle (l'article. L. 233-31 du Code de Commerce précisant en effet que « lorsque des actions ou des droits de vote sont possédées par une ou plusieurs sociétés dont elle détient directement ou indirectement le contrôle, les droits de votes attachés à ces actions ou ces droits de vote ne peuvent être exercées à l'assemblée générale de la société ») et le calcul des pourcentages d'intérêt s'effectue par la résolution d'un système d'équations à *n* inconnues.

Exemple

Supposons une société A qui possède 80 % des actions et droits de vote d'une société B, laquelle possède 60 % des actions et droits de vote de la société C, laquelle possède 70 % des actions et droits de vote d'une société D, laquelle possède 10 % du capital et des droits de vote théoriques de la société B tel que le schéma ci-dessous le décrit :

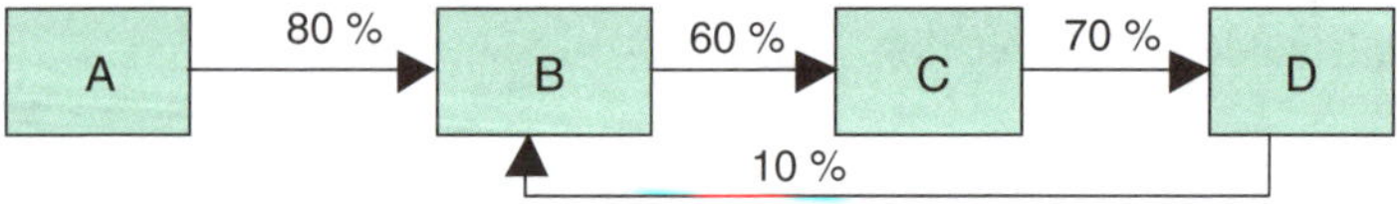

Les actions que D possède n'ont pas le droit aux assemblées de la société B, le pourcentage de contrôle de A sur B est donc de 80 % / (100 % – 10 %) = 88,89 %. Le pourcentage de contrôle de B sur C (et de A sur C) est de 60 %, celui de C sur D (et de A sur D) est de 70 %.

On appellera *b*, *c*, *d*, les pourcentages d'intérêts de A sur B, de A sur C et de A sur D. on peut écrire :

$b = 0{,}80 + 0{,}10\,d$

$c = 0{,}60\,b$

$d = 0{,}70\,c$

ce qui donnera :

$b = 83{,}5\ \%$

$c = 50{,}1\ \%$

$d = 35{,}07\ \%$

3 Application des normes IFRS

Alors que termes de pourcentage de contrôle (appelé pourcentage de contrôle exclusif) et pourcentage d'intérêt sont utilisés par le règlement relatif aux comptes consolidés, ces termes ne figurent plus dans les normes IFRS actuelles.

Cependant, la norme IFRS 10 (§ B22, B23 et B47) précise que les droits de vote potentiels (tels ceux découlant des instruments convertibles ou d'options, y compris les contrats à terme) doivent être considérés pour apprécier le contrôle, mais seulement s'ils sont « substantiels ».

Les droits de vote potentiels sont substantiels lorsque le détenteur a la capacité pratique d'exercer ses droits et lorsque ces droits sont exerçables. La décision en la matière nécessite l'exercice du jugement. Les droits de vote potentiels peuvent devoir être considérés même s'ils ne sont pas immédiatement exerçables.

La norme IAS 28 (§7) présente des dispositions similaires. D'autre part, elle précise (§ 27), que « la part d'un groupe dans une entreprise associée ou une coentreprise est l'agrégation des participations dans cette entreprise associée ou cette coentreprise détenues par la société mère et ses filiales. Pour cette fin, les participations détenues par les autres entreprises associées ou coentreprises du groupe sont ignorées ».

Application

Suite au travail que votre cabinet a présenté pour établir la consolidation du groupe Adèle (*fiche 11*), le directeur financier de la société mère vous précise que la société Hélène a pris une participation de 5 % du capital dans la société Barbara.

Après analyse, vous en avez conclu que les conclusions que vous avez présentées, dans le tableau précisant pour chacune des sociétés du groupe la nature du contrôle et les méthodes de consolidation à retenir (*solution fiche 11*), n'ont pas à être modifiées. Vous décidez cependant de fournir en annexe de ce document un tableau fournissant les pourcentages de contrôle et d'intérêt de la société mère, la société Adèle, sur chacune des sociétés du groupe.

Indiquer dans un tableau, pour chaque filiale, la participation en distinguant pourcentage direct et pourcentage indirect :
– le pourcentage de contrôle ;
– le pourcentage d'intérêt.

Corrigé

On obtiendra le tableau suivant :

Sociétés	Pourcentage de contrôle			Pourcentage d'intérêt		
	Direct	Indirect	Total	Direct	Indirect	Total
Barbara	68,23		68,23	60,00	2,34	62,34
Dominique		50,00	50,00		31,17	31,17
Emma	40,00	20,00	60,00	40,00	18,47	58,47
Félicité	30,00		30,00	30,00		30,00
Gisèle			0,00		27,00	27,00
Hélène		80,00	80,00		46,77	46,77
Ida	50,40		50,40	40,00		40,00
Juliette		42,00	42,00		16,80	16,80
Lucie		10,00	10,00		4,00	4,00

Commentaires

• Société Barbara

– pourcentage de contrôle : le capital est de 10 000 actions dont 1 000 actions sans droit de vote auxquelles il faut ajouter les 500 actions (5 % du capital) possédées par la société Hélène. Il y a donc 8 500 droits exerçables. La société Adèle possède 6 000 actions dont 200 sans droit de vote : elle a 5 800 droits de vote. Le pourcentage de contrôle est de 5 800 / 8 500 = 68,23 % ;

– pourcentage d'intérêt d'Emma sur Hélène : il y a lieu de poser un système d'équation (participations circulaires ; on appellera *b* le pourcentage d'intérêt d'Adèle sur Barbara, *e* le pourcentage d'intérêt d'Adèle sur Emma, *h* le pourcentage d'intérêt d'Emma sur Hélène) ; on a :

$b = 0{,}60 + 0{,}05\ h$

$e = 0{,}40 + 0{,}20\ b + 0{,}30 \times 0{,}20$ (par Félicité) $= 0{,}46 + 0{,}20\ b$

$h = 0{,}80\ e$

On obtient :

$e = 0,46 + 0,20 \times (0,60 + 0,05\ h) = 0,46 + 0,12 + 0,01\ h = 0,58 + 0,01\ h$

$h = 0,80 \times (0,58 + 0,01h) = 0,464 + 0,008\ h$

$h - 0,008\ h = 0,464$

$0,992\ h = 0,464$

$h = 0,464 / 0,992 = 0,4677$ soit 46,77 %

$b = 0,60 + 0,05 \times 0,4677 = 0,6234$ soit 62,34 %

$e = 0,46 + 0,20 \times 0,6234 = 0,5847$ soit 58,47 %

• Société Dominique
- pourcentage de contrôle : 50 %
- pourcentage d'intérêt : 62,34 % × 50 % = 31,17 %

• Société Emma
- pourcentage de contrôle : 40 % (direct) + 20 % (par Barbara) = 60 %
- pourcentage d'intérêt : 58,47 % (voir calcul Barbara)

• Société Félicité
- pourcentage de contrôle : 30 %
- pourcentage d'intérêt : 30 %

• Société Gisèle
- pourcentage de contrôle : 0 % (la société Félicité n'a pas le contrôle)
- pourcentage d'intérêt : 30 % × 90 % = 27 %

• Société Hélène
- pourcentage de contrôle : 80 % (indirectement par Emma)
- pourcentage d'intérêt : 46,77 % (voir calcul Barbara)

• Société Ida
- pourcentage de contrôle : (8 000 + 4 600) / (20 000 + 5 000) = 50,40 %
- pourcentage d'intérêt : 8 000 / 20 000 = 40 %

• Société Juliette
- pourcentage de contrôle : 42 % (mais majorité des administrateurs)
- pourcentage d'intérêt : 40 % × 42 % = 16, 80 %

• Société Lucie
- pourcentage de contrôle : 10 %
- pourcentage d'intérêt : 40 % × 10 % = 4 %

13 Méthodes de consolidation

PRINCIPES CLÉS

Le règlement relatif aux comptes consolidés (ainsi que les normes IFRS) distinguent trois méthodes de consolidation (*voir fiche 11*) :

– l'intégration globale (appelée simplement « consolidation » en IFRS) ;
– l'intégration proportionnelle (non applicable en IFRS) ;
– la mise en équivalence.

- **L'intégration globale** consiste à intégrer dans les comptes de l'entité consolidante les éléments des comptes des entités consolidées, après retraitements éventuels, à répartir les capitaux propres et le résultat entre les intérêts de l'entité consolidante et les intérêts des « intérêts minoritaires (ou, en IFRS, des participations ne donnant pas le contrôle ») et à éliminer les opérations et comptes entre l'entité intégrée globalement et les autres entités consolidées.
- **L'intégration proportionnelle** consiste à intégrer dans les comptes de l'entité consolidante la fraction représentative de ses intérêts dans les comptes de l'entité consolidée, après retraitements éventuels, et à éliminer les opérations et comptes entre l'entité intégrée proportionnellement et les autres entités consolidées.
- **La mise en équivalence** consiste à substituer à la valeur comptable des titres détenus, la quote-part des capitaux propres, y compris le résultat de l'exercice déterminé d'après les règles de consolidation et à éliminer les opérations et comptes entre l'entité mise en équivalence et les autres entités consolidées.

1 Étapes de la consolidation

En dehors de la définition du périmètre de consolidation (*voir fiches 11 et 12*), la consolidation s'effectue, en pratique, selon les étapes suivantes :

Retraitement des comptes individuels de l'entité consolidante et des entités intégrées (globalement ou proportionnellement)

Lorsque l'entité établit des comptes consolidés, elle doit procéder aux retraitements relatifs à l'homogénéisation des méthodes et modalités d'évaluation retenues pour la consolidation et notamment à l'élimination de l'incidence sur les comptes consolidés des écritures passées pour la seule application des législations fiscales.

Ces retraitements (appelés aussi « opérations de pré-consolidation ») ont pour but de rendre homogènes les comptes individuels des entités consolidées (*voir fiches 14, 15 à 17*).

Sommation des données de base

Il s'agit d'établir un bilan cumulé et un compte de résultat cumulé des entités intégrées.

Élimination des comptes réciproques et résultats internes

Il s'agit d'éliminer des comptes cumulés (bilan et compte de résultat) les comptes réciproques entre les entités consolidées (comptes clients et fournisseurs par exemple) ou l'effet sur le résultat (ou les réserves) d'opérations effectuées entre les entités consolidées (cessions de stocks, cessions d'immobilisations, dividendes par exemple) (*voir fiche 18*).

Mise en équivalence des entités mise en équivalence

Il s'agit de substituer à la valeur comptable des titres détenus, la quote-part des capitaux propres, y compris le résultat de l'exercice déterminé d'après les règles de consolidation (*voir aussi fiche 21*).

Retraitement des capitaux propres et des titres d'entités intégrées

Il s'agit notamment de séparer les droits sur une filiale revenant à l'entité consolidante de ceux revenant aux intérêts minoritaires. Dans le cas des entités intégrées proportionnellement, aucun intérêt minoritaire n'est constaté (*voir aussi fiche 22*).

Établissement du bilan, du compte de résultat consolidé (et des annexes)

(*Voir aussi fiches 24 et 25*).

2 Méthodes pratiques de consolidation

Les opérations de consolidation peuvent s'effectuer en effectuant de simples additions ou soustractions effectuées à partir des comptes individuels des entités consolidées ou en enregistrant des écritures comptables. Dans cet ouvrage nous avons privilégié la méthode des écritures comptables, plus adaptée notamment aux cas complexes.

a. Méthode des tableaux

Dans un tableau, on déterminera d'abord le montant cumulé des postes du bilan et du compte de résultat des entités intégrées, puis on effectuera les ajustements nécessaires pour établir les comptes consolidés.

La méthode des tableaux n'est applicable que dans le cas d'une consolidation simple.

Exemple

Supposons la consolidation de deux sociétés A et B. La société A contrôle B et possède 60 % du capital. La société A a vendu à prix coûtant 3 000 k€ de marchandises à B. Au 31 décembre N, la créance de A sur B est de 1 000 k€.
Le tableau conduisant à la consolidation des deux sociétés pourrait se présenter comme suit (en k€) :

Postes du bilan et du compte de résultat	Société A	Société B	Éléments Cumulés	Ajustements		Éléments consolidés
				1	2	
Postes débiteurs du bilan						
Immobilisations	5 000	6 000	11 000			11 000
Titres de participation	1 500	3 000	1 500			
Actif circulant	4 000		7 000	–1 000	–1 500	6 000
Totaux	10 500	9 000	19 500	–1 000	–1 500	17 000
Postes créditeurs du bilan						
Capital	3 000	2 500	5 500		–2 500	3 000
Réserves	1 500	1 000	2 500		–400	2 100
Résultat	500	800	1 300		–320	980
Intérêts minoritaires					1 720	1 720
Dettes	5 500	4 700	10 200	–1 000		9 200
Totaux	10 500	9 000	19 500	–1 000	–1 500	17 000
Postes débiteurs du compte de résultat						
Charges	7 500	6 000	13 500	–3 000		10 500
Résultat	500	800	1 300			1 300
Totaux	8 000	6 800	14 800	–3 000		11 800
Postes créditeurs du compte de résultat						
Produits	8 000	6 800	14 800	–3 000		11 800
Totaux	8 000	6 800	14 800	–3 000		11 800

b. Méthode des écritures comptables

Au niveau des écritures comptables, les écritures du bilan peuvent être intégrées à celles relatives au compte de résultat. Une dotation complémentaire de 1 000 aux amortissements serait ainsi comptabilisée :

Dotations aux amortissements des immobilisations	1 000	
Amortissements des immobilisations		1 000
Dotation complémentaire		

Il est également possible, et c'est la méthode que nous utiliserons par la suite, d'user du compte « Résultat » comme d'un compte de liaison entre les opérations enregistrées dans le journal conduisant à l'établissement du bilan consolidé et des opérations enregistrées dans un journal conduisant à l'établissement du compte de résultat consolidé.

■ *Pour l'établissement du bilan*

Résultat	1 000	
Amortissements des immobilisations		1 000
Dotation complémentaire		

■ *Pour l'établissement du compte de résultat*

Dotations aux amortissements des immobilisations	1 000	
Résultat		1 000
Dotation complémentaire		

Exemple

Reprenons l'exemple des sociétés A et B présentées ci-dessus (dans le cadre de la méthode des tableaux). On aurait les écritures comptables suivantes :

Pour l'établissement du bilan

Immobilisations	5 000	
Titres de participation	1 500	
Actif circulant	4 000	
Capital A		3 000
Réserves A		1 500
Résultat A		500
Dettes		5 500
Reprise bilan société A		
Immobilisations	6 000	
Actif circulant	3 000	
Capital B		2 500
Réserves B		1 000
Résultat B		800
Dettes		4 700
Reprise bilan société B		
Dettes	1 000	
Actif circulant		1 000
Dettes et créances réciproques		
Capital B	2 500	
Réserves B	1 000	
Résultat B	800	
Titres de participation		1 500
Réserves A *1 000 × 60 %*		600
Résultat A *800 × 60 %*		480
Intérêts minoritaires		1 720
(2 500 + 1 000 + 800) × 40 %		
Retraitement capitaux propres société B		

Pour l'établissement du compte de résultat

Charges	7 500	
Résultat	500	
Produits		8 000
Reprise résultat société A		
Charges	6 000	
Résultat	800	
Produits		6 800
Reprise résultat société B		
Produits	3 000	
Charges		3 000
Ventes et achats réciproques		

Compte tenu de toutes ces écritures, on obtiendra le bilan consolidé et le compte de résultat consolidé suivant :

Bilan consolidé groupe A (en k€)

Immobilisations	11 000	Capital	3 000
Actif circulant	6 000	Réserves	2 100
		Résultat	980
		Intérêts minoritaires	1 720
		Dettes	9 200
Total	17 000	Total	17 000

Compte de résultat consolidé groupe A (en k€)

Charges	10 500	Produits	11 800
Résultat	1 300		
Total	11 800	Total	11 800

Le résultat pourra être analysé comme suit :

- résultat revenant à l'entité consolidante : 980
- résultat revenant aux minoritaires : 800 × 40 % = 320

1 300

3 Traitement des titres mis en équivalence

Les titres mis en équivalence sont réévalués dans les comptes consolidés à la quote-part de l'actif net comptable de la participation.

Exemple

La société Alpha a pris une participation de 30 % lors de la constitution de la société Bêta. Le prix d'acquisition des titres était de 180 000 €.
Les capitaux propres de la société Bêta s'analysent ainsi au 31 décembre N :

- capital : 600 000
- réserves : 300 000
- résultat : 100 000

1 000 000

La valeur d'équivalence des titres Bêta possédés par la société Alpha s'élève à 1 000 000 × 30% = 300 000 €.
Les écritures de retraitement suivantes devront être comptabilisées.

Pour l'établissement du bilan

	Débit	Crédit
Titres mis en équivalence (Bêta)	300 000	
Titres de participation (Bêta)		180 000
Réserves Alpha *300 000 × 30 %*		90 000
Résultat Alpha *100 000 × 30 %*		30 000
Mise en équivalence d'une participation		

Pour l'établissement du compte de résultat

	Débit	Crédit
Résultat	30 000	
Quote-part dans les résultats des entreprises mises en équivalence		30 000
Mise en équivalence d'une participation		

4 Traitement des entités intégrées globalement

Il s'agit de séparer les droits sur une filiale revenant au groupe de ceux revenant aux intérêts minoritaires.
Ce traitement ne s'intéresse qu'aux comptes de bilan. Il ne change rien à la manière dont le résultat consolidé a été obtenu (il s'agit en fait d'une simple ventilation).

Exemple

Supposons que la société Alpha ait acquis des titres pour 600 000 € au moment de la constitution du capital de la société Gamma. Les capitaux propres de la société Gamma s'analysent comme suit au 31 décembre N, date de l'établissement des comptes consolidés :

- capital : 1 000 000
- réserves : 600 000
- résultat : 200 000

1 800 000

Exemple

Le partage de ces capitaux propres entre la société consolidante et les intérêts minoritaires peut s'analyser dans le tableau suivant.

Postes	Total	Groupe Alpha 60 %	Minoritaires 40 %
Capital	1 000 000	600 000	400 000
Réserves	600 000	360 000	240 000
Résultats	200 000	120 000	80 000
Total	1 800 000	1 080 000	720 000

On passera l'écriture suivante :

Pour l'établissement du bilan

Capital Gamma	1 000 000	
Réserves Gamma	600 000	
Résultat Gamma	200 000	
Titres de participation (Gamma)		600 000
Réserves Alpha		360 000
Résultat Alpha		120 000
Intérêts minoritaires sur capital et réserves *400 000 + 240 000*		640 000
Intérêts minoritaires sur résultat		80 000
Intégration Gamma		

Remarque : on pourra regrouper les intérêts minoritaires en un seul compte. La décomposition sera cependant utile pour l'analyse du résultat (voir ci-dessus § 2.).

Lorsqu'une entité contrôle par l'intermédiaire d'une filiale une sous-filiale, la consolidation peut s'effectuer selon deux techniques :

- la technique de la consolidation directe ;
- la technique de la consolidation par paliers.

La consolidation directe consiste à déterminer tout de suite au niveau de la sous-filiale les intérêts qui reviennent à l'entité mère et aux minoritaires (directs et indirects).
La consolidation par paliers consiste à déterminer au niveau de la sous-filiale, la part qui revient à la filiale et aux minoritaires de la sous-filiale, puis de partager l'actif net de la filiale entre l'entité mère et les minoritaires de la filiale.

Exemple

Supposons que la société Alpha possède 80 % du capital de la société Bêta laquelle possède 60 % du capital de la société Gamma. Le pourcentage d'intérêt de Alpha sur Gamma est de 80 % × 60 % = 48 %.
Dans le cadre d'une consolidation directe, l'écriture de retraitement de la société Gamma fera ressortir que 48 % des capitaux propres reviennent directement à la société mère Alpha alors que 52 % des capitaux propres reviennent aux intérêts minoritaires.

Dans le cadre d'une consolidation par paliers, la même écriture de retraitement fera d'abord ressortir que 60 % des capitaux propres de la société Gamma reviennent à la société Bêta (et devront ensuite être répartis entre Alpha et les minoritaires de Bêta) et 40 % des mêmes capitaux reviennent aux minoritaires.
Si les capitaux propres (résultat inclus) de Bêta sont de 1 000 000 € et ceux de Gamma de 800 000 € et que les titres aient été acquis respectivement pour 600 000 € et 400 000 €, on aurait les écritures de consolidation suivantes.

Consolidation par paliers

Capitaux propres Gamma	800 000	
Titres de participation (Gamma)		400 000
Capitaux propres Bêta *800 000 × 60 % – 400 000*		80 000
Intérêts minoritaires *800 000 × 40 %*		320 000
Consolidation Gamma		
Capitaux propres Bêta *1 000 000 + 80 000*	1 080 000	
Titres de participation (Bêta)		600 000
Capitaux propres Alpha *1 080 000 × 80 %* – 600 000		264 000
Intérêts minoritaires *1 080 000 × 20 %*		216 000
Consolidation Bêta		

Consolidation directe

Capitaux propres Gamma	800 000	
Titres de participation (Gamma)		400 000
Capitaux propres Alpha *800 000 × 48 % – 400 000 × 80 %*		64 000
Intérêts minoritaires *800 000 × 52 % – 400 000 × 20 %*		336 000
Consolidation Gamma		
Capitaux propres Bêta	1 000 000	
Titres de participation (Bêta)		600 000
Capitaux propres Alpha *1 000 000 × 80 % – 600 000*		200 000
Intérêts minoritaires *1 000 000 × 20 %*		200 000
Consolidation Bêta		

Les deux méthodes donnent bien entendu les mêmes situations consolidées, à savoir :

- capitaux propres Alpha : 264 000
- Intérêts minoritaires : 536 000

Dans cet ouvrage, nous utiliserons, sauf mention particulière, la méthode de consolidation par paliers.

5 Traitement des sociétés intégrées proportionnellement

Ce retraitement s'effectue comme dans le cas d'une entité intégrée globalement. Cependant les intérêts minoritaires n'apparaissent pas puisque seule la quote-part des actifs et des passifs de l'entité intégrée est comprise dans le total du bilan cumulé.

Exemple

Supposons que la société Alpha ait acquis pour 300 000 € au moment de la constitution 50 % du capital de la société Delta dont elle partage conjointement le contrôle. Les capitaux propres de la société Delta s'analysent comme suit :

- capital : 600 000
- réserves : 300 000
- résultat : 100 000

1 000 000

Le partage de ces capitaux propres entre la société consolidante et l'autre entité partageant le contrôle peut s'analyser dans le tableau suivant.

Postes	Total	Groupe Alpha 50 %	Minoritaires 50 %
Capital	600 000	300 000	300 000
Réserves	300 000	150 000	150 000
Résultats	100 000	50 000	50 000
Total	1 000 000	500 000	500 000

On passera l'écriture suivante :

Pour l'établissement du bilan

	Débit	Crédit
Capital Delta	300 000	
Réserves Delta	150 000	
Résultat Delta	50 000	
Titres de participation (Delta)		300 000
Réserves Alpha		150 000
Résultat Alpha		50 000
Intégration Delta		

Application

Supposons cinq sociétés, les sociétés Alain, Béatrice, Céline, Dominique et Estelle dont les bilans et comptes de résultat (résumés en milliers d'euros) sont donnés ci-dessous :

Bilan société Alain

Immobilisations corpor.	850 000	Capital	1 000 000
Titres de particip. Béatrice	450 000	Réserves	600 000
Titres de particip. Céline	200 000	Résultat	160 000
Titres de particip Dominique	50 000	Dettes	1 200 000
Autres titres de particip.	10 000		
Actif circulant	1 400 000		
Total	2 960 000	Total	2 960 000

Bilan société Béatrice

Immobilisations corpor.	800 000	Capital	600 000
Titres de particip. Estelle	300 000	Réserves	300 000
Actif circulant	700 000	Résultat	100 000
		Dettes	800 000
Total	1 800 000	Total	1 800 000

Bilan société Céline

Immobilisations corpor.	600 000	Capital	400 000
Actif circulant	700 000	Réserves	300 000
		Résultat	80 000
		Dettes	520 000
Total	1 300 000	Total	1 300 000

Bilan société Dominique

Immobilisations corpor.	400 000	Capital	200 000
Actif circulant	460 000	Réserves	180 000
		Résultat	60 000
		Dettes	420 000
Total	860 000	Total	860 000

Bilan société Estelle

Immobilisations corpor.	800 000	Capital	500 000
Actif circulant	700 000	Réserves	300 000
		Résultat	50 000
		Dettes	650 000
Total	1 500 000	Total	1 500 000

Compte de résultat société Alain

Charges d'exploitation	1 700 000	Produits d'exploitation	2 000 000
Charges financières	140 000	Produits financiers	100 000
Charges exceptionnelles	120 000	Produits exceptionnels	100 000
Impôt sur les sociétés	80 000		
Résultat	160 000		
Total	2 200 000	Total	2 200 000

Compte de résultat société Béatrice

Charges d'exploitation	1 460 000	Produits d'exploitation	1 600 000
Charges financières	90 000	Produits financiers	80 000
Charges exceptionnelles	100 000	Produits exceptionnels	120 000
Impôt sur les sociétés	50 000		
Résultat	100 000		
Total	1 800 000	Total	1 800 000

Compte de résultat société Céline

Charges d'exploitation	920 000	Produits d'exploitation	1 000 000
Charges financières	70 000	Produits financiers	100 000
Charges exceptionnelles	10 000	Produits exceptionnels	20 000
Impôt sur les sociétés	40 000		
Résultat	80 000		
Total	1 120 000	Total	1 120 000

Compte de résultat société Dominique

Charges d'exploitation	380 000	Produits d'exploitation	500 000
Charges financières	40 000	Produits financiers	30 000
Charges exceptionnelles	40 000	Produits exceptionnels	20 000
Impôt sur les sociétés	30 000		
Résultat	60 000		
Total	550 000	Total	550 000

Compte de résultat société Estelle

Charges d'exploitation	800 000	Produits d'exploitation	1 000 000
Charges financières	140 000	Produits financiers	120 000
Charges exceptionnelles	185 000	Produits exceptionnels	80 000
Impôt sur les sociétés	25 000		
Résultat	50 000		
Total	1 200 000	Total	1 200 000

- La société Alain possède 75 % du capital de la société Béatrice, acquis au moment de la constitution de ladite société. La société Béatrice possède 60 % du capital de la société Estelle, acquis également au moment de la constitution de la société.
- Alain possède également 50 % du capital de la société Céline, acquis au moment de la création de ladite société (le capital de la société Céline est aussi possédé à hauteur de 50 % par le groupe Odette, la société Céline étant contrôlée conjointement par la société Alain et le groupe Odette).
- Alain possède enfin 25 % du capital de la société Dominique acquis au moment de la constitution de ladite société et 10 % des titres Sabine acquis 10 000 k€.

1. Établir le bilan consolidé du groupe par la méthode des tableaux. On présentera les tableaux de consolidation successifs suivants :
« a ») tableau de consolidation Béatrice + Estelle
« b ») tableau de consolidation Alain + « a »
« c ») tableau de consolidation « b » + Céline
« d ») tableau de consolidation « c » + Dominique

2. Établir le bilan consolidé par la méthode des écritures comptables (consolidation par paliers).

3. Présenter les écritures comptables différentes de celles présentées dans la consolidation par paliers nécessaires dans le cadre d'une consolidation directe. Comparer le détail des calculs conduisant aux montants figurant au passif du bilan consolidé, obtenus par la consolidation par paliers et par la consolidation directe.

4. Établir le compte de résultat de résultat consolidé.

Corrigé

Si la société Alain doit présenter des comptes consolidés, elle réalisera une intégration globale des sociétés Béatrice et Estelle (car elle en a le contrôle exclusif). La société Céline sera intégrée proportionnellement alors que les titres Dominique seront mis en équivalence, c'est-à-dire réévalués. Par contre les titres de la société Sabine sur laquelle la société Alain n'a aucune influence notable seront maintenus au bilan à leur valeur historique.

1. Consolidation du bilan par tableaux successifs

On établira les tableaux de consolidation suivants :

Tableau de partage des capitaux propres Estelle

Postes Capitaux propres Estelle	Total	Béatrice 60 %	Minoritaires 40 %
Capital	500 000	300 000	200 000
Réserves	300 000	180 000	120 000
Résultats	50 000	30 000	20 000
Total	850 000	510 000	340 000

Tableau « a » : consolidation Béatrice et Estelle

	Béatrice	Estelle	Cumuls	Retraitements	Consolidé
Actifs					
Immobilisations corpor.	800 000	800 000	1 600 000		1 600 000
Titres de particip. Estelle	300 000		300 000	–300 000	
Actifs circulant	700 000	700 000	1 400 000		1 400 000
Totaux	1 800 000	1 500 000	3 300 000	–300 000	3 000 000
Passifs					
Capital	600 000	500 000	1 100 000	–500 000	600 000
Réserves	300 000	300 000	600 000	–120 000	480 000
Résultat	100 000	50 000	150 000	–20 000	130 000
Intérêts minoritaires cap. pr.				320 000	320 000
Intérêts minoritaires result.				20 000	20 000
Dettes	800 000	650 000	1 450 000		1 450 000
Total	1 800 000	1 500 000	3 300 000	–300 000	3 000 000

Tableau de partage des capitaux propres Béatrice

Postes Capitaux propres Béatrice	Total	Alain 75 %	Minoritaires 25 %
Capital	600 000	450 000	150 000
Réserves	480 000	360 000	120 000
Résultats	130 000	97 500	32 500
Total	1 210 000	907 500	302 500

Tableau « b » : consolidation Alain et Béatrice

	Alain	Béatrice	Cumuls	Retraitements	Consolidé
Actifs					
Immobilisations corpor.	850 000	1 600 000	2 450 000		2 450 000
Titres de partic. Béatrice	450 000		450 000	–450 000	
Titres de partic. Céline	200 000		200 000		200 000
Titres de partic. Dominique	50 000		50 000		50 000
Autres titres de participation	10 000		10 000		10 000
Actifs circulant	1 400 000	1 400 000	2 800 000		2 800 000
Totaux	2 960 000	3 000 000	5 960 000	–450 000	5 510 000
Passifs					
Capital	1 000 000	600 000	1 600 000	–600 000	1 000 000
Réserves	600 000	480 000	1 080 000	–120 000	960 000
Résultat	160 000	130 000	290 000	–32 500	257 500
Intérêts minoritaires cap. pr.		320 000	320 000	270 000	590 000
Intérêts minoritaires result.		20 000	20 000	32 500	52 500
Dettes	1 200 000	1 450 000	2 650 000		2 650 000
Total	2 960 000	3 000 000	5 960 000	–450 000	5 510 000

Tableau de partage des capitaux propres Céline

Postes Capitaux propres Céline	Total	Alain 50 %	Odette 50 %
Capital	400 000	200 000	200 000
Réserves	300 000	150 000	150 000
Résultats	80 000	40 000	40 000
Total	780 000	390 000	390 000

Tableau « c » : consolidation Alain et Céline

	Alain	Céline à 50 %	Cumuls	Retraitements	Consolidé
Actifs					
Immobilisations corpor.	2 450 000	300 000	2 750 000		2 750 000
Titres de partic. Céline	200 000		200 000	–200 000	
Titres de partic. Dominique	50 000		50 000		50 000
Autres titres de participation	10 000		10 000		10 000
Actifs circulant	2 800 000	350 000	3 150 000		3 150 000
Totaux	5 510 000	650 000	6 160 000	–200 000	5 960 000
Passifs					
Capital	1 000 000	200 000	1 200 000	–200 000	1 000 000
Réserves	960 000	150 000	1 110 000		1 110 000
Résultat	257 500	40 000	297 500		297 500
Intérêts minoritaires cap. pr.	590 000		590 000		590 000
Intérêts minoritaires résult.	52 500		52 500		52 500
Dettes	2 650 000	260 000	2 910 000		2 910 000
Total	5 510 000	650 000	6 160 000	–200 000	5 960 000

Tableau de partage des capitaux propres Dominique

Postes Capitaux propres Dominique	Total	Alain 25 %	Autres 75 %
Capital	200 000	50 000	150 000
Réserves	180 000	45 000	135 000
Résultats	60 000	15 000	45 000
Total	440 000	110 000	330 000

Tableau « d » : consolidation Alain et Dominique

	Alain	Retraitements	Consolidé
Actifs			
Immobilisations corpor.	2 750 000		2 750 000
Titres mis en équivalence		110 000	110 000
Titres de particip. Dominique	50 000	–50 000	
Autres titres de participation	10 000		10 000
Actifs circulant	3 150 000		3 150 000
Totaux	5 960 000	60 000	6 020 000

●●●

	Alain	Retraitements	Consolidé
Passifs			
Capital	1 000 000		1 000 000
Réserves	1 110 000	45 000	1 155 000
Résultat	297 500	15 000	312 500
Intérêts minoritaires cap. pr.	590 000		590 000
Intérêts minoritaires résult.	52 500		520 500
Dettes	2 910 000		2 910 000
Total	5 960 000	60 000	6 020 000

2. Consolidation du bilan par écritures comptables (consolidation par paliers)

Dans la méthode des écritures comptables, on retrouvera pour ce cas, huit écritures :

- celle de la reprise du bilan de la société Alain ;
- celle de la reprise du bilan de la société Béatrice ;
- celle de la reprise proportionnelle du bilan de la société Céline ;
- celle de la reprise du bilan de la société Estelle ;
- celle de l'élimination des titres Estelle ;
- celle de l'élimination des titres Béatrice ;
- celle de l'élimination des titres Céline ;
- celle de la mise en équivalence des titres Dominique.

		Débit	Crédit
	Immobilisations corporelles	850 000	
	Titres de participation Béatrice	450 000	
	Titres de participation Céline	200 000	
	Titres de participation Dominique	50 000	
	Autres titres de participation	10 000	
	Actif circulant	1 400 000	
	Capital Alain		1 000 000
	Réserves Alain		600 000
	Résultat Alain		160 000
	Dettes		1 200 000
	Reprise bilan société Alain		
	Immobilisations corporelles	800 000	
	Titres de participation Estelle	300 000	
	Actif circulant	700 000	
	Capital Béatrice		600 000
	Réserves Béatrice		300 000
	Résultat Béatrice		100 000
	Dettes		800 000
	Reprise bilan société Béatrice		
	Immobilisations corporelles	300 000	
	Actif circulant	350 000	
	Capital Céline		200 000
	Réserves Céline		150 000
	Résultat Céline		40 000
	Dettes		260 000
	Reprise bilan société Céline (à 50 %)		

Immobilisations corporelles		800 000	
Actif circulant		700 000	
	Capital Estelle		500 000
	Réserves Estelle		300 000
	Résultat Estelle		50 000
	Dettes		650 000
Reprise bilan société Estelle			
Capital Estelle		500 000	
Réserves Estelle		300 000	
Résultat Estelle		50 000	
	Titres de participation Estelle		300 000
	Réserves Béatrice		180 000
	Résultats Béatrice		30 000
	Intérêts minoritaires capital et réserves *200 000 + 120 000*		320 000
	Intérêts minoritaires résultats		20 000
Retraitement capitaux propres et titres société Estelle			
Capital Béatrice		600 000	
Réserves Béatrice *300 000 + 180 000*		480 000	
Résultat Béatrice *100 000 + 30 000*		130 000	
	Titres de participation Béatrice		450 000
	Réserves Alain		360 000
	Résultats Alain		97 500
	Intérêts minoritaires capital et réserves *150 000 + 120 000*		270 000
	Intérêts minoritaires résultats		32 500
Retraitement capitaux propres et titres société Béatrice			
Capital Céline		200 000	
Réserves Céline		150 000	
Résultat Céline		40 000	
	Titres de participation Céline		200 000
	Réserves Alain		150 000
	Résultats Alain		40 000
Retraitement capitaux propres et titres société Céline			
Titres Dominique mis en équivalence		110 000	
	Titres de participation Dominique		50 000
	Réserves Alain		45 000
	Résultat Alain		15 000
Mise en équivalence Dominique			

À la suite de ces écritures, on obtiendra le bilan consolidé suivant :

Bilan groupe Alain

Immobilisations corpor.	2 750 000	Capital	1 000 000
Titres mis en équiv. Dominique	110 000	Réserves	1 155 000
Autres titres de particip.	10 000	Résultat	312 500
Actif circulant	3 150 000	Intérêts minoritaires *590 000 + 52 500*	642 500
		Dettes	2 910 000
Total	6 020 000	Total	6 020 000

3. Consolidation du bilan par écritures comptables (consolidation directe)

On retrouvera les mêmes écritures que celles figurant dans la question précédente, à l'exception de celles concernant l'élimination des titres Béatrice et des titres Estelle.

Le pourcentage d'intérêt d'Alain dans Béatrice est de 75 % et dans Estelle de 75 % × 60 % = 45 %.

On présentera les écritures suivantes :

Capital Béatrice	600 000	
Réserves Béatrice *300 000 + 180 000*	300 000	
Résultat Béatrice *100 000 + 30 000*	100 000	
Titres de participation Béatrice		450 000
Réserves Alain *(600 000 + 300 000) × 75 % – 450 000*		225 000
Résultats Alain *100 000 × 75 %*		75 000
Intérêts minoritaires capital et réserves *(600 000 + 300 000) × 25 %*		225 000
Intérêts minoritaires résultats *100 000 × 25 %*		25 000
Retraitement capitaux propres et titres société Béatrice		
Capital Estelle	500 000	
Réserves Estelle	300 000	
Résultat Estelle	50 000	
Titres de participation Estelle		300 000
Réserves Alain *(500 000 + 300 000) × 45 % – 300 000 × 75 %*		135 000
Résultats Alain *50 000 × 45 %*		22 500
Intérêts minoritaires capital et réserves *(500 000 + 300 000) × 55 % – 300 000 × 25 %*		365 000
Intérêts minoritaires résultats *50 000 × 55 %*		27 500
Retraitement capitaux propres et titres société Estelle		

Les tableaux de détermination des éléments du passif se présenteront comme suit :

	Consolidation par paliers	Consolidation directe	Montants
Capital	1 000 000 + 600 000 + 200 000 + 500 000 – 500 000 – 600 000 – 200 000	1 000 000 + 600 000 + 200 000 + 500 000 – 500 000 – 200 000 – 600 000	1 000 000
Réserves	600 000 + 300 000 + 150 000 + 300 000 – 300 000 + 180 000 – 480 000 + 360 000 150 000 + 150 000 + 45 000	600 000 + 300 000 + 150 000 + 300 000 – 300 000 + 225 000 – 300 000 + 135 000 – 150 000 + 150 000 + 45 000	1 155 000
Résultat	160 000 + 100 000 + 40 000 + 50 000 – 50 000 + 30 000 – 130 000 + 97 500 – 150 000 + 150 000 + 15 000	160 000 + 100 000 + 40 000 + 50 000 – 100 000 + 75 000 - 50 000 + 22 500 – 150 000 + 150 000 + 15 000	312 500
Intérêts minoritaires	320 000 + 20 000 + 270 000 + 32 500	225 000 + 25 000 + 365 000 + 27 500	642 500
Dettes	1 200 000 + 800 000 + 260 000 + 650 000	1 200 000 + 800 000 + 260 000 + 650 000	2 910 000
Total			6 020 000

4. Consolidation du compte de résultat

Comme pour le bilan, le compte de résultat est obtenu en cumulant les éléments (par des écritures ou un tableau) des comptes de résultats des sociétés intégrées : Alain, Béatrice, Estelle et Céline à 50 %.

Tableau d'obtention du résultat cumulé

	Alain	Béatrice	Estelle	Céline (50%)	Total
Charges d'exploitation	1 700 000	1 460 000	800 000	460 000	4 420 000
Charges financières	140 000	90 000	140 000	35 000	405 000
Charges exceptionn.	120 000	100 000	185 000	5 000	410 000
Impôt sur les sociétés	80 000	50 000	25 000	20 000	175 000
Résultat	160 000	100 000	50 000	40 000	350 000
	2 200 000	1 800 000	1 200 000	560 000	5 760 000
Produits d'exploitation	2 000 000	1 600 000	1 000 000	500 000	5 100 000
Produits financiers	100 000	80 000	120 000	50 000	350 000
Produits exceptionnels	100 000	120 000	80 000	10 000	310 000
	2 200 000	1 600 000	1 200 000	560 000	5 760 000

La seule écriture nécessaire concerne ici la prise en compte du résultat de la société mis en équivalence.

	Débit	Crédit
Résultat	15 000	
Résultat des sociétés mises en équivalence		15 000
Résultat Dominique		

Nous présenterons le compte de résultat consolidé sous forme de liste (modèle 99-02)

Produits d'exploitation	5 100 000
Charges d'exploitation	4 420 000
Résultat d'exploitation	680 000
Produits financiers	350 000
Charges financières	405 000
Résultat financier	–55 000
Résultat courant	625 000
Produits exceptionnels	310 000
Charges exceptionnelles	410 000
Résultat exceptionnel	–100 000
Impôts sur les sociétés	–175 000
Résultat des sociétés intégrées	350 000
Résultat des sociétés mises en équivalence	15 000
Résultat du groupe	365 000
Résultats majoritaires	312 500
Résultats minoritaires	52 500

NB. Résultats majoritaires et minoritaires donnés dans l'analyse qui a conduit à la consolidation du bilan.

Retraitements de pré-consolidation 14

PRINCIPES CLÉS

Les comptes sociaux des entités intégrées (société mère, filiales, coentreprises éventuellement) doivent être retraités en vue de les rendre homogènes. Ceci suppose que soit défini un plan comptable de consolidation fixant les règles et les méthodes d'évaluation et de classement au niveau des comptes consolidés.
Lorsque les comptes consolidés doivent être présentés en normes IFRS, les retraitements de pré-consolidation doivent inclure les retraitements des comptes sociaux établis conformément au PCG en comptes conformes aux IFRS.

1 Retraitements évoqués par le règlement 99-02 du CRC

Ces retraitements permettent d'établir, à partir de comptes sociaux établis en PCG, des comptes consolidés conformes au règlement 99-02 du CRC. Il y a lieu de distinguer les retraitements obligatoires et les retraitements facultatifs.

a. Retraitements obligatoires

- **Les provisions réglementées et subventions** : Le § 303 du règlement 99-02 du CRC précise que « afin de ne pas fausser l'image donnée par les comptes consolidés, il convient de procéder à l'élimination de l'incidence des écritures passées pour la seule application des législations fiscales du pays où se situe l'entreprise consolidée et notamment : la constatation ou la reprise d'amortissements dérogatoires lorsqu'une entreprise applique un système d'amortissement dégressif prévu par la législation fiscale, tout en estimant nécessaire de conserver comptablement un mode d'amortissement linéaire, la constitution ou la reprise de provisions réglementées, la reprise de subventions d'investissements en résultats, l'inscription en charges de certains frais accessoires engendrés par l'acquisition d'immobilisations et la comptabilisation en résultats de l'impact des changements de méthodes » (*voir fiche 16*).

- **L'impôt sur le résultat** : Le § 310 du règlement 99-02 du CRC précise que « tous les passifs d'impôts différés doivent être pris en compte, sauf exceptions prévues au paragraphe 313 ; en revanche, les actifs d'impôts différés ne sont portés à l'actif du bilan que si leur récupération est probable » ;
- **Les variations de comptes d'entreprises établissant leurs comptes en monnaies étrangères** (§ 320 du règlement 99-02 du CRC – *voir fiche 17*).

b. Retraitements facultatifs

Le § 300 du règlement 99-02 du CRC stipule que certaines méthodes sont considérées comme préférentielles pour l'établissement des comptes consolidés (pour l'article 121-5 du PCG « les méthodes préférentielles sont celles qui conduisent à une meilleure information par l'organisme normalisateur ») : sont considérées comme méthodes préférentielles par le règlement 99-02 :
- le provisionnement des **coûts des prestations de retraite** et prestations assimilées versées à la date du départ à la retraite ou ultérieurement au bénéfice du personnel ;
- la comptabilisation des **contrats de location financement** par le preneur au bilan sous forme d'une immobilisation corporelle et d'un emprunt correspondant (*voir fiche 17*) ;
- l'étalement sur la durée de vie de l'emprunt des **frais d'émission et des primes de remboursement** des emprunts ;
- l'enregistrement en résultat au cours de la période à laquelle ils se rapportent des **écarts de conversion** des actifs et passifs monétaires libellés en devises ;
- la comptabilisation selon la **méthode de l'avancement** des opérations partiellement achevées à la clôture de l'exercice.

2 Retraitements permettant le passage des comptes établis conformément au PCG aux comptes établis en IFRS

Ces retraitements sont particulièrement nombreux et concernent particulièrement les points suivants.

■ *Les instruments financiers*

La norme IAS 39 « Instruments financiers : comptabilisation et évaluation » distingue quatre catégories d'instruments financiers (qui ne correspondent nullement aux catégories définies par le PCG) :
- les actifs (ou passifs financiers à la juste valeur par le biais du compte de résultat : pour ces actifs et passifs, mesurés à la juste valeur, l'entité doit enregistrer la variation entière de la juste valeur dans le compte de résultat net) ;
- les placements détenus jusqu'à leur échéance : ils sont évalués au coût amorti, à l'aide d'un taux d'intérêt effectif ;

- les prêts et créances : comme les placements détenus jusqu'à leur échéance, ils sont évalués au coût amorti, à l'aide d'un taux d'intérêt effectif ;
- les actifs disponibles à la vente : pour ces actifs évalués à la juste valeur, l'entité doit enregistrer la variation de la juste valeur en autres éléments du résultat global, jusqu'au moment où l'actif est vendu, auquel cas la plus ou moins-values est portée dans le résultat net.

À ces quatre catégories, il nous faut ajouter, pour être exhaustif, les autres passifs financiers (évalués au coût amorti), les participations dans des filiales, entités contrôlées conjointement ou entités associées (qui seront retraitées lors de la consolidation) et les actifs et passifs financiers utilisés comme instruments de couverture.

■ *Les stocks*

Les amortissements de frais de développement non pris en compte dans l'évaluation des stocks dans le PCG doivent être intégrés en IFRS dans le coût des stocks lorsque le choix a été pris par l'entité de les laisser en charges.

■ *Les immobilisations corporelles*

Deux divergences peuvent être constatées :
- l'option ouverte par l'article 213-8 du PCG de comptabiliser en charges dans les comptes individuels, les droits de mutation, honoraires ou commissions et frais d'actes, liés à l'acquisition (en normes IFRS, comme en comptes consolidés établis selon les normes françaises, ils doivent obligatoirement être rattachés au coût d'acquisition de l'immobilisation) ;
- la possibilité offerte par l'article 214-9 du PCG de constater sous forme de provisions les dépenses d'entretien faisant l'objet de programmes pluriannuels de gros entretien ou de grandes révisions qui, dans les normes IFRS, sont obligatoirement comptabilisées comme un composant de l'immobilisation.

■ *Les immobilisations incorporelles*

Plusieurs divergences peuvent subsister :
- des différences sur l'évaluation du coût d'entrée de l'immobilisation (droit de mutation comme pour les immobilisations corporelles, frais de personnel nécessaire pour mettre l'actif en état d'utilisation) ;
- l'activation optionnelle des frais de développement (article 212-3 al. 2 du PCG).

Par ailleurs, les normes IFRS ne reconnaissent pas comme immobilisations incorporelles les éléments classés par le PCG en frais d'établissement. Ceux-ci doivent être comptabilisés en charges et pour ce qui concerne les frais d'augmentation de capital en diminution des primes d'émission.

Dans le PCG (article 212-9) :
- les frais de constitution, de transformation, de premier établissement, peuvent être inscrits à l'actif comme frais d'établissement. Leur inscription en compte de résultat constitue néanmoins la méthode préférentielle ;

- les frais d'augmentation de capital, de fusion et de scission peuvent être inscrits à l'actif en frais d'établissement. Leur imputation sur les primes d'émission et de fusion constitue néanmoins la méthode préférentielle ; en cas d'insuffisance, ces frais sont comptabilisés en charges.

Si l'entité a choisi de faire figurer les frais correspondant en frais d'établissement, un retraitement pour passer du PCG aux normes IFRS s'impose.

■ *Les contrats de location*

Dans le PCG, conformément à l'article 212-5 « le titulaire d'un contrat de crédit-bail comptabilise en charges les sommes dues au titre de la période de location. À la levée de l'option d'achat, le titulaire d'un contrat de crédit-bail inscrit l'immobilisation à l'actif de son bilan pour un montant établi conformément aux règles applicables en matière de détermination de la valeur d'entrée ».

Dans la norme IAS 17, au début de la période de location, les preneurs doivent comptabiliser les contrats de location-financement à l'actif et au passif de leur bilan pour des montants égaux à la juste valeur du bien loué ou, si celle-ci est inférieure, à la valeur actualisée des paiements minimaux au titre de la location déterminée, chacune, au commencement du contrat de location. Le taux d'actualisation à utiliser pour calculer la valeur actualisée des paiements minimaux au titre de la location, est le taux d'intérêt implicite du contrat de location si celui-ci peut être déterminé, sinon le taux d'emprunt marginal du preneur doit être utilisé. Les coûts directs initiaux encourus par le preneur sont ajoutés au montant comptabilisé en tant qu'actif.

Pour chaque période comptable, un contrat de location-financement donne lieu à une charge d'amortissement de l'actif amortissable et à une charge financière. La méthode d'amortissement des actifs loués doit être cohérente avec celle applicable aux actifs amortissables que possède l'entité et la dotation aux amortissements doit être calculée selon IAS 16, Immobilisations corporelles, et IAS 38, Immobilisations incorporelles. Si l'on n'a pas une certitude raisonnable que le preneur devienne propriétaire de l'actif à la fin du contrat de location, l'actif doit être totalement amorti sur la plus courte de la durée du contrat de location et de sa durée d'utilité.

Il convient donc, chez le preneur :

- d'enregistrer ces biens en immobilisations à l'actif du bilan ;
- de comptabiliser en contrepartie au passif la dette financière qui représente le crédit conventionnellement obtenu pour le financement de ce bien ;
- de traiter ces biens comme des immobilisations avec toutes les conséquences comptables que cela entraîne (*voir fiche 15*).

■ *Les avantages du personnel*

C'est en particulier lorsque les engagements de retraite (et avantages liés, comme les indemnités de fin de carrière) ne sont pas comptabilisés dans les comptes individuels des entités, voire lorsque l'entité applique la méthode actuarielle de la recommandation de l'ANC 2013-02 du 7 novembre 2013 relative aux règles de comptabilisation et d'évaluation des engagements de retraite et obligations similaires, qu'il faudra retraiter les engagements de retraite et assimilés pour les rendre conformes aux IFRS.

■ *Les paiements fondés sur des actions*

Dans le cas d'attributions de stock-options, dans le PCG, ce n'est qu'au moment de l'exercice de l'option qu'est comptabilisée une augmentation de capital, une attribution d'actions rachetées ou une remise de liquidités équivalente. Au contraire, l'application de la norme IFRS 2 implique, pour l'attribution de stocks-options, la comptabilisation d'une charge (de personnel) dès la date d'octroi. Cette charge est évaluée à la juste valeur de l'option attribuée.

■ *Les provisions, actifs et passifs éventuels*

Depuis le règlement CRC 2000-06 sur les passifs, le traitement comptable des provisions est convergent avec IAS 37. Quelques exceptions cependant subsistent et notamment les provisions pour gros entretiens ou grandes révisions qui ne sont pas admises en IFRS (voir ci-dessus). Par ailleurs, en IFRS, lorsque l'effet valeur temps de l'argent est significatif, le montant de la provision doit être la valeur actuelle des dépenses attendues que l'on pense nécessaires pour régler l'obligation. Les provisions ne sont pas actualisées en règles françaises, pour des raisons essentiellement fiscales. Certaines évaluations de provisions peuvent aussi être différentes en IFRS et en normes françaises.

■ *Des produits et des charges*

Produits des activités ordinaires, contrats de construction, produits et charges exceptionnels, etc. Pour ce qui concerne les produits des activités ordinaires et des contrats de construction, les divergences entre PCG et normes IFRS portent essentiellement sur :

- les dates de comptabilisation des produits ;
- la possibilité de prendre en compte l'actualisation ;
- les contrats à long terme relatifs aux contrats de construction et aux prestations de services.

Il existe une différence d'approche en ce qui concerne les principes généraux de reconnaissance des revenus entre les principes français et IFRS ce qui peut aboutir à une date de comptabilisation différente entre les deux référentiels.

Ainsi, IAS 18 indique qu'un produit est reconnu s'il est notamment « probable que des avantages économiques associés à la transaction iront à l'entreprise ». Cette condition de probabilité de la perception effective des avantages n'existe pas dans le référentiel français, qui s'attache plutôt au transfert de propriété. Des divergences peuvent ainsi être constatées.

Les normes IFRS ne reconnaissent pas les produits et charges exceptionnels ; il est donc nécessaire de reclasser tous les comptes de charges et de produits exceptionnels dans les comptes de charges courantes et de produits courants. Ainsi, les charges correspondants aux cessions d'éléments d'actif (moins-values), aux dons, libéralités, créances irrécouvrables, pénalités, amendes, malis provenant de clause d'indexation, etc., les produits provenant de la cession d'éléments d'actifs (plus-values), les libéralités reçues, les rentrées sur créances amorties, etc. sont à classer dans les charges et produits conduisant au résultat courant.

■ *Les provisions réglementées*

Ces provisions doivent être éliminées dans le cadre du retraitement des normes IFRS comme dans celui du retraitement vers les normes françaises applicables aux comptes consolidés (règlement 99-02).

■ *Les subventions*

L'enregistrement des subventions d'investissement est effectué en capitaux propres dans le référentiel français (compte 13 « Subventions d'investissements ») alors que cela est interdit par IAS 20. En terme de présentation, IAS 20 autorise deux méthodes : soit la présentation au passif du bilan (comme dans le PCG) soit de faire apparaître la subvention en diminution de la valeur brute de l'immobilisation financée à l'actif du bilan. Si l'on opte pour la première présentation, aucun retraitement (excepté de reclassement) ne sera nécessaire.
Pour les subventions dites « d'exploitation », IAS 20 autorise de présenter soit en produits, soit en réduction des charges les subventions liées au résultat. Dans le référentiel français, le PCG prévoit que les subventions d'exploitation sont portées dans un compte de produits. Là aussi, si l'on décide de ne retenir que la première option, il n'y aura pas de retraitement nécessaire pour passer du PCG aux IFRS.

■ *L'impôt sur le résultat*

La norme IAS 12 « Impôt sur le résultat » impose de comptabiliser tous les actifs et passifs d'impôt différé. La comptabilisation des impôts différés selon les principes comptables généraux français n'est pas interdite, mais très rare en pratique dans les comptes individuels.

■ *Les variations de cours des monnaies*

L'article 420-5 du PCG précise que les différences de conversion sont inscrites à des comptes transitoires, en attente de régularisations ultérieures :
- à l'actif du bilan pour les différences correspondant à une perte latente (compte 476 « Différences de conversion – Actif ») ;
- au passif du bilan pour les différences correspondant à un gain latent (compte 477 « Différences de conversion passif »).

Les pertes de change latentes entraînent à due concurrence la constitution d'une provision pour risques, sous réserve des dispositions particulières permettant de limiter cette provision.

En IFRS, dans le cadre de la présentation d'une transaction en monnaie étrangère, celle-ci doit être enregistrée, lors de sa comptabilisation initiale dans la monnaie de présentation, en appliquant au montant en monnaie étrangère le cours du jour entre la monnaie de présentation et la monnaie étrangère à la date de la transaction. À chaque date de clôture, cependant :

- les éléments monétaires en monnaie étrangère doivent être convertis en utilisant le cours de clôture ;
- les éléments non monétaires en monnaie étrangère qui sont évalués au coût historique doivent être convertis en utilisant le cours de change à la date de la transaction ;
- les éléments non monétaires en monnaie étrangère qui sont évalués à la juste valeur doivent être convertis en utilisant les cours de change de la date à laquelle cette juste valeur a été déterminée.

Dans le cadre de l'utilisation d'une monnaie de présentation autre que la monnaie fonctionnelle, conformément à IAS 21, le résultat et la situation financière d'une entité dont la monnaie fonctionnelle n'est pas la monnaie d'une économie hyperinflationniste doivent être convertis en une autre monnaie de présentation, en utilisant les procédures suivantes :

(a) les actifs et les passifs de chaque bilan présenté doivent être convertis au cours de clôture à la date de chacun de ces bilans ;

(b) les produits et les charges de chaque compte de résultat doivent être convertis au cours de change en vigueur aux dates des transactions (en pratique, on peut retenir le cours moyen de l'exercice) ;

(c) tous les écarts de change en résultant doivent être comptabilisés en tant que composante distincte des capitaux propres.

En pratique, les comptes de capitaux propres (qui sont la résultante des actifs et passifs) sont maintenus au cours de change à la date de la comptabilisation initiale.

■ *D'autres retraitements*

Changements de méthodes, erreurs, activités abandonnées ou destinées à être cédées, etc. Comme pour les changements de méthodes comptables, pour IAS 8, une erreur d'une période antérieure doit être corrigée par retraitement rétrospectif. Pour l'article 122-5 du PCG « les corrections résultant d'erreurs, d'omissions matérielles, d'interprétations erronées ou de l'adoption d'une méthode comptable non admise, sont comptabilisées dans le résultat de l'exercice en cours duquel elles sont constatées ». Il y a donc divergence entre méthode PCG et normes IFRS (dans lesquelles les retraitements d'erreurs sont effectués rétroactivement) et un retraitement est nécessaire.

Tous ces retraitements peuvent être réduits si l'entité, pour ses comptes sociaux, a retenu des options proches (qualifiées de préférentielles dans les règles comptables du PCG, comme la comptabilisation des provisions pour retraite) des IFRS.

3 Cas des contrats à long terme et des coûts des emprunts

a. Contrats à long terme

Le PCG autorise deux méthodes de comptabilisation de contrats à long terme s'étalant dans le temps : la méthode à l'avancement (méthode préférentielle, art 622-7 du PCG) et la méthode à l'achèvement. Les normes IAS 11 et IAS 18 indiquent que, si le résultat d'une transaction faisant intervenir une prestation de services ou un contrat de construction peut être estimé de façon fiable, alors le produit des activités ordinaires associé à cette transaction doit être comptabilisé en fonction du degré d'avancement de la transaction à la date de clôture. Le § 300 du règlement 99-02 du CRC, quant à lui, considère la méthode à l'avancement comme préférentielle.

Exemple

La société Alpha a conclu un contrat à long terme avec la société Bêta. Les travaux ont démarré en N–1 et ne seront terminés qu'en N+1. Elle comptabilise ses produits à l'achèvement.
Les éléments suivants sont donnés :

- Valeur de négociation du contrat : 100 000 €
- Dépenses enregistrées en N–1 : 20 000 €
- Dépenses enregistrées en N : 48 000 €
- Dépenses prévues en N+1 : 12 000 €

Le coût global de ce contrat est estimé à 20 000 + 48 000 + 12 000 = 80 000 € et le résultat espéré est donc de 100 000 – 80 000 = 20 000 € à répartir sur N–1, N et N+1 dans le cadre d'un contrat comptabilisé à l'avancement.

- Quote-part imputable en N–1 : 20 000 / 80 000 = 25 %
- Quote-part imputable en N : 48 000 / 80 000 = 60 %
- Quote-part imputable en N+1 : 12 000 / 80 000 = 15 %

Pour passer de la méthode d'achèvement du PCG à la méthode à l'avancement des IFRS, on passera les écritures suivantes (au 31 décembre N).

Pour l'établissement du bilan

Clients, factures à établir *100 000 × 85 % × 120 %*	102 000	
État, TVA sur factures à établir *100 000 × 85 % × 20 %*		17 000
Stock de produits *20 000 + 48 000*		68 000
Dettes d'impôt différé *20 000 × 85 % × 33 1/3 %*		5 667
Réserves Alpha *20 000 × 25 % × 66 2/3 %*		3 333
Résultat Alpha *20 000 × 60 % × 66 2/3 %*		8 000
Retraitement contrat à long terme		

Pour l'établissement du compte de résultat

Résultat	8 000	
Impôts sur les bénéfices	4 000	
Variation de stock de travaux en cours	48 000	
Travaux *100 000 × 60 %*		60 000
Retraitement contrat à long terme		

4 Coûts des emprunts

La norme IAS 23 stipule que les coûts d'emprunts relatifs aux actifs dits « qualifiés » ou « éligibles », c'est-à-dire des actifs qui exigent une longue période de préparation avant de pouvoir être utilisés ou vendus (immobilisations et stocks notamment) pour les emprunts ont permis de financer ces actifs doivent être intégrés dans le coût de ces actifs. Le PCG permet aussi cette intégration (qui n'est pas obligatoire).
Des retraitements sont donc possibles, notamment si l'entité n'a pas intégré les coûts dans ses actifs.

Exemple

La société Alpha a fait construire en N–1 et N un immeuble à l'usage de bureaux.
Cet immeuble a été évalué et comptabilisé pour 1 000 000 € et a été amorti en N de 50 000 €.
Les coûts d'emprunts relatifs à cet immeuble ont été dans les comptes sociaux comptabilisés en charges respectivement pour 24 000 € et 9 000 €.
Pour passer du PCG aux IFRS, il y a lieu de constater les écritures suivantes :

Pour l'établissement du bilan

	Débit	Crédit
Constructions *24 000 + 9 000*	33 000	
Réserves Alpha *24 000 × 66 2/3 %*		16 000
Résultat Alpha *9 000 × 66 2/3 %*		6 000
Dettes d'impôt différé *33 000 × 33 1/3 %*		11 000
Intérêts des emprunts – Retraitement des immobilisations		
Résultat Alpha *1 650 × 66 2/3 %*	1 100	
Impôts différés *1 650 × 33 1/3 %*	550	
Constructions (ou Amortissements des constructions) *33 000 × 50 000 / 1 000 000*		1 650
Intérêts des emprunts – Retraitement des amortissements		

Pour l'établissement du compte de résultat

	Débit	Crédit
Résultat	6 000	
Impôt sur les bénéfices	3 000	
Charges financières		9 000
Intérêts des emprunts – Retraitement des immobilisations		
Dotations aux amortissements des immobilisations	1 650	
Impôt sur les bénéfices		550
Résultat		1 100
Intérêts des emprunts – Retraitement des amortissements		

Application

La société Marie a constaté un bénéfice comptable de 320 000 €, un bénéfice fiscal de 420 000 € et un impôt sur les bénéfices (calculé au taux de 33 1/3 %) de 140 000 €.
Le passage du bénéfice comptable au bénéfice fiscal (tableau 2058 A) comprend les éléments suivants :

Bénéfice comptable :	320 000
Réintégrations	
• Impôt sur les bénéfices	140 000
• Charges comptabilisées en N mais déductibles en N+1 :	30 000
• Provision pour impôt sur plus-values d'expropriation :	11 000
	181 000
Déductions	
• Charges comptabilisées en N–1 mais déductibles en N :	48 000
• Plus-values d'expropriation reportées :	33 000
	81 000
Bénéfice fiscal : 320 000 + 181 000 – 81 000 =	420 000

Seuls ont été comptabilisés l'impôt exigible et la provision pour impôt.

Corrigé

Pour passer aux comptes IFRS, voire aux comptes établis conformément au règlement 99-02 du CRC, on passera les écritures suivantes :

Pour l'établissement du bilan

	Débit	Crédit
Créances d'impôt différé *30 000 × 33 1/3 %*	10 000	
Provisions pour impôt	11 000	
Résultat Marie *(48 000 – 30 000) × 33 1/3 %*	6 000	
Réserves Marie *48 000 × 33 1/3 %*		16 000
Dettes d'impôt différé *33 000 × 33 1/3 %*		11 000
Retraitement impôts différés		

Pour l'établissement du compte de résultat

	Débit	Crédit
Charge d'impôt différé *81 000 × 33 1/3 %*	27 000	
Résultat		6 000
Dotations aux provisions pour impôts		11 000
Produit d'impôt différé *30 000 × 33 1/3 %*		10 000
Retraitement d'impôts différés		

Il est à noter que, si la société Marie n'avait pas comptabilisé de provision et n'avait aucun report d'impôt, le bénéfice fiscal aurait été de 320 000 + 140 000 + 11 000 = 471 000 et l'impôt aurait été de 157 000 € (33 1/3 % de 471 000), soit 140 000 + 27 000 – 10 000.

Retraitement des contrats de location-financement 15

PRINCIPES CLÉS

Selon le règlement relatif aux comptes consolidés, les contrats de location-financement devraient être comptabilisés :

- chez le preneur : au bilan sous forme d'une immobilisation corporelle et d'un emprunt correspondant ; au compte de résultat, sous forme d'une dotation aux amortissements et d'une charge financière ;
- chez le bailleur : sous forme de prêts, de façon symétrique à l'enregistrement chez le preneur.

Cette forme de comptabilisation est optionnelle et préférentielle.

Dans les normes internationales (IAS 17) qui distinguent les contrats de location-financement et les contrats de location simple. Les contrats de location-financement sont toujours comptabilisés à l'actif du bilan du preneur.

Il n'y a pas de règles spécifiques pour distinguer un contrat de location-financement d'un autre contrat de location en normes françaises (encore que la désignation sur un plan de juridique de « contrat de crédit-bail » concerne généralement un contrat de location-financement). Il n'en pas de même en normes internationales.

1 Définitions (IAS 17)

- **Contrat de location** : accord par lequel le bailleur cède au preneur, pour une période déterminée, le droit d'utilisation d'un actif en échange d'un paiement ou d'une série de paiements.
- **Contrat de location-financement** : contrat de location ayant pour effet de transférer au preneur la quasi-totalité des risques et des avantages inhérents à la propriété d'un actif. Le transfert de propriété peut intervenir ou non, in fine.

- **Contrat de location simple** : tout contrat de location autre qu'un contrat de location-financement.

2 Distinction entre contrat de location-financement et contrat de location simple

Un contrat de location est classé en tant que contrat de location-financement s'il transfère au preneur la quasi-totalité des risques et des avantages inhérents à la propriété. Un contrat de location est classé en tant que contrat de location simple s'il ne transfère pas au preneur la quasi-totalité des risques et des avantages inhérents à la propriété.

3 Calcul du taux d'actualisation d'un contrat de location-financement

Ce taux est déterminé en fonction de la juste valeur de l'immobilisation en location-financement au début de la période de location, des redevances à verser et du prix d'achat résiduel fixé.

Exemple

Prenons le cas d'une immobilisation acquise grâce à un contrat de crédit-bail. Sa valeur d'origine est évaluée à 100 000 €.
Le contrat prévoit le versement d'une redevance (en début d'année) de 13 700 € durant 10 ans, le prix d'achat résiduel étant fixé à 9 860 €.
On peut écrire que :

$$100\,000 = 13\,700 \times \frac{1-(1+i)^{-10}}{i} \times (1+i) + 9\,860 \times (1+i)^{-10}$$

On trouvera un taux i de 9 %.

4 Comptabilisation des contrats de location-financement chez le preneur

- Au début de la période de location, le preneur doit comptabiliser les contrats de location-financement à l'actif et au passif de leur bilan pour des montants égaux à la juste valeur du bien loué ou, si celle-ci est inférieure, à la valeur actualisée des paiements minimaux au titre de la location.
- Pour chaque période comptable, les paiements au titre de la location doivent être ventilés entre la charge financière et l'amortissement du solde de la dette. Une charge d'amortissement de l'actif amortissable est par ailleurs constatée.

Modèle d'écritures comptables

Pour l'établissement du bilan

- Constatation initiale de l'immobilisation à l'actif :

D. Immobilisations C. Emprunts (dettes de location-financement)

- Constatation des amortissements de l'immobilisation :

D. Résultat (pour les amortissements nets d'impôt de l'exercice) D. Réserves (pour les amortissements nets d'impôts des exercices précédents) D. Impôts différés C. Amortissements des immobilisations

- Répartition des redevances entre charges financières et les remboursements d'emprunts :

D. Résultat (pour les charges financières nettes d'impôt de l'exercice) D. Réserves (pour les charges financières nettes d'impôt des exercices précédents) D. Impôts différés (sur les charges financières) D. Emprunts (dettes de location-financement) C. Résultat (pour les redevances ventilées nettes d'impôt de l'exercice) C. Réserves (pour les redevances ventilées nettes d'impôt des exercices précédents) C. Impôts différés (sur les redevances ventilées)

Pour l'établissement du compte de résultat

- Constatation des amortissements de l'immobilisation :

D. Dotations aux amortissements des immobilisations C. Impôts sur les bénéfices C. Résultat (pour les amortissements nets d'impôt de l'exercice)

- Répartition des redevances entre charges financières et les remboursements d'emprunts :

D. Charges financières D. Impôts sur les bénéfices (sur les redevances ventilées) D. Résultat (pour les redevances ventilées nettes d'impôt de l'exercice) C. Redevances de crédit-bail (sur les redevances ventilées) C. Impôts sur les bénéfices (sur les charges financières) C. Résultat (pour les charges financières nettes d'impôt de l'exercice) C. Impôts différés (sur les redevances ventilées)

5 Comptabilisation des contrats de location simple chez le preneur

Les paiements au titre de contrats de location simple doivent être constatés en charges pendant toute la durée du contrat.

6 Comptabilisation chez le bailleur

Les contrats de location-financement sont présentés comme des créances alors que les contrats de location simple figurent au bilan selon la nature de l'actif.

Application

La société Germain a pris, le 1er avril N–1, en location-financement un matériel industriel évalué à 800 000 €.

La redevance trimestrielle, payable chaque début de trimestre, est fixée à 30 000 €. La dernière redevance sera versée le 1er janvier N+9.

Le 1er avril N+9, la société Germain pourra devenir propriétaire en versant un prix d'achat résiduel de 75 000 €.

Le matériel est amortissable en 12 ans, la valeur résiduelle étant estimée à 50 000 €.

1. **Calculer le taux implicite du contrat de location (taux d'actualisation).**
2. **Présenter un tableau pour les années N–1 et N permettant de suivre la répartition de la redevance entre la charge financière et l'amortissement de la dette.**
3. **Présenter au 31 décembre N les écritures de retraitement pour l'établissement du bilan et du compte de résultat consolidés.**

Corrigé

1. Calcul du taux implicite du contrat de location

Ce taux est un taux trimestriel.

On peut écrire que :

$$800\,000 = 30\,000 \times \frac{1-(1+i)^{-40}}{i} \times (1+i) + 75\,000 \times (1+i)^{-40}$$

Le taux est de 2,5 %.

2. Tableau permettant de suivre la répartition de la redevance

Dates	Intérêt	Amortissement dette	Reste à rembourser
01.04.N–1		30 000	770 000
01.07.N–1	19 250	10 750	759 250
01.10.N–1	18 981	11 019	748 231
01.01.N	18 706	11 294	736 937
01.04.N	18 423	11 577	725 360
01.07.N	18 134	11 866	713 494
01.10.N	17 837	12 163	701 331
01.01.N+1	17 533		
Totaux	128 864	98 669	

Le total des intérêts se décompose en :
- intérêts N–1 : 19 250 + 18 981 + 18 706 = 56 937 ;
- intérêts N : 18 423 + 18 134 + 17 837 + 17 533 = 71 927.

3. Écritures comptables

Pour l'établissement du bilan

Matériels et outillages industriels	800 000	
Emprunts (dettes de location-financement)		800 000
Inscription de l'immobilisation en crédit-bail à l'actif		
Résultat Germain *(800 000 – 50 000) × 1/12 × 66 2/3 %*	41 667	
Réserves Germain *(800 000 – 50 000) × 1/12 × 0,75 × 66 2/3 %*	31 250	
Impôts différés *(800 000 – 50 000) × 1/12 × 1,75 × 33 1/3 %*	36 458	
Amortissements matériels et outillages industriels *(800 000 – 50 000) × 1/12 × 1,75*		109 375
Retraitement amortissements		
Résultat Germain *71 927 × 66 2/3 %*	47 951	
Réserves Germain *56 937 × 66 2/3 %*	37 958	
Impôts différés *128 864 × 33 1/3 %*	42 955	
Emprunts (dettes de location financement)	98 669	
Résultat Germain *30 000 × 4 × 66 2/3 %*		80 000
Réserves Germain *30 000 × 3 × 66 2/3 %*		60 000
Impôts différés *30 000 × 7 × 33 1/3 %*		70 000
Intérêts courus		17 533
Retraitement redevances		

Pour l'établissement du compte de résultat

Dotations aux amortissements des immobilisations *(800 000 – 50 000) × 1/12*	62 500	
Impôts sur les bénéfices		20 833
Résultat		41 667
Retraitement amortissements		
Charges financières	71 927	
Impôt sur les bénéfices *(120 000 – 71 927) × 33 1/3 %*	16 024	
Résultat *80 000 – 47 951*	32 049	
Redevances de crédit-bail mobilier *30 000 × 4*		120 000
Retraitement redevance		

16 Retraitement des provisions réglementées

PRINCIPES CLÉS

- Les provisions réglementées sont des « provisions ne correspondant pas à l'objet normal d'une provision et comptabilisées en application de dispositions légales ».
- Ces provisions n'ont pas un caractère économique bien prononcé et sont dans les comptes individuels une entorse au principe de prééminence de la réalité financière sur l'apparence juridique. Aussi, elles doivent être éliminées dans le cadre du retraitement vers les normes IFRS, comme dans le cadre du retraitement vers les normes françaises applicables aux comptes consolidés (règlement 99-02).

1 Types de provisions réglementées

On distingue les provisions réglementées proprement dites (provisions relatives aux immobilisations, aux stocks, à d'autres éléments d'actif) et les provisions assimilées à des provisions réglementées (amortissements dérogatoires, provision spéciale de réévaluation, plus-values réinvesties).

a. Provisions réglementées relatives aux immobilisations

- Provisions pour investissement (participation des salariés) : provisions constituées dans le cadre de la participation des salariés aux résultats de l'entreprise pour les seules sociétés coopératives ou participatives (depuis août 2012). Elles sont rapportées au résultat au cours de l'exercice où elles sont définitivement libérées d'impôt.
- Provisions des entreprises de presse.

b. Provisions réglementées relatives aux stocks

- Provisions pour hausse de prix : provisions constituées par les entreprises qui constatent des hausses de prix supérieures à 10 % au cours d'une période ne pouvant excéder deux exercices successifs.

c. Provisions réglementées relatives à d'autres éléments d'actif

- Provisions pour prêts d'installation à d'anciens salariés (essaimage).

d. Provisions assimilées à des provisions réglementées

- Amortissements dérogatoires : amortissements ou fractions d'amortissements ne correspondant pas à l'objet normal d'un amortissement pour dépréciation et comptabilisés en application de textes particuliers.
- Provision spéciale de réévaluation : constituée dans le cadre de la réévaluation légale de 1976-1977.
- Plus-values réinvesties : amortissements des biens acquis au remploi des plus-values exonérées en application de l'ancien article 40 CGI.

2 Retraitements à effectuer

L'élimination des provisions réglementées s'effectue selon le processus suivant :

Pour l'établissement du bilan

D. Provisions réglementées
C. Dettes d'impôt différé
C. Réserves (pour la quote-part des provisions à la fin de l'exercice précédent nettes d'impôt)
C ou D. Résultat (pour les dotations et reprises effectuées au cours de l'exercice nettes d'impôt)

Pour l'établissement du compte de résultat (cas de dotations supérieures aux reprises)

D. Impôt sur les bénéfices
D. Reprises sur provisions réglementées
D. Résultat
C. Dotations aux provisions réglementées

Pour l'établissement du compte de résultat (cas de dotations inférieures aux reprises)

D. Reprises sur provisions réglementées
C. Résultat
C. Impôt sur les bénéfices
C. Dotations aux provisions réglementées

Application

Vous êtes appelé(e) à effectuer le retraitement des comptes sociaux des sociétés du groupe Auguste.
Ce groupe comprend quatre sociétés, la société mère Auguste, la société Benoît, intégrée globalement, la société Charles, intégrée proportionnellement à 50 %, et la société Daniel mise en équivalence.
Les comptes de provisions réglementées de ces sociétés au 31 décembre N sont analysés dans le tableau suivant :

Comptes de provisions réglementées des sociétés du groupe Auguste au 31 décembre N

Provisions réglementées / Sociétés	Société Auguste	Société Benoît	Société Charles	Société Daniel
Provisions pour prêts d'installations consentis aux salariés	12 000	18 000	9 000	6 000
Provisions pour hausse de prix	15 000	21 000	18 000	9 000
Amortissements dérogatoires	30 000	54 000	42 000	24 000
Total	57 000	93 000	69 000	39 000
Dotations de l'exercice	12 000	42 000	24 000	18 000
Reprises de l'exercice	24 000	30 000	18 000	12 000

Le taux de l'impôt sur les bénéfices est de 33 1/3 %.

Présenter au 31 décembre N les écritures de redressement nécessaires dans le cadre de la consolidation (écritures nécessaires pour l'établissement du bilan et du compte de résultat).

Corrigé

Certaines des sociétés du groupe n'étant pas intégrées globalement, se pose le problème du moment où ces écritures seront passées.
Si ces écritures sont passées avant les écritures de cumul, lors de retraitement d'homogénéité, il faut pour chacune des sociétés effectuer le retraitement sur la totalité des montants.
Si, par contre, ces écritures sont passées après les écritures de cumul, il y a aura lieu de ne reprendre que 50 % des provisions réglementées de la société Charles (intégrée proportionnellement) et de ne pas reprendre en écritures les montants des provisions réglementées de la société Daniel (qui n'est pas intégrée mais simplement mise en équivalence).
Dans la solution présentée ci-dessous, nous présenterons les écritures établies selon la seconde hypothèse.

Écritures pour l'établissement du bilan

Provisions pour prêts d'installation consentis aux salariés	12 000	
Provision pour hausse de prix	15 000	
Amortissements dérogatoires	30 000	
Résultat Auguste *(24 000 – 12 000) × 66 2/3 %*	8 000	
Dettes d'impôt différé *(12 000 + 15 000 + 30 000) × 33 1/3 %*		19 000
Réserves Auguste *(12 000 + 15 000 + 30 000 + 24 000 – 12 000) × 66 2/3 %*		46 000
Retraitement provisions réglementées Auguste		
Provisions pour prêts d'installation consentis aux salariés	18 000	
Provision pour hausse de prix	21 000	
Amortissements dérogatoires	54 000	
Dettes d'impôt différé *(18 000 + 21 000 + 54 000) × 33 1/3 %*		31 000
Réserves Benoît *(18 000 + 21 000 + 54 000 + 30 000 – 42 000) × 66 2/3 %*		54 000
Résultat Auguste *(42 000 – 30 000) × 66 2/3 %*		8 000
Retraitement provisions réglementées Benoît		
Provisions pour prêts d'installation consentis aux salariés *9 000 × 50 %*	4 500	
Provision pour hausse de prix *18 000 × 50 %*	9 000	
Amortissements dérogatoires *42 000 × 50 %*	21 000	
Dettes d'impôt différé *(9 000 + 18 000 + 42 000) × 50 % × 33 1/3 %*		11 500
Réserves Charles *(9 000 + 18 000 + 42 000 + 18 000 – 24 000) × 66 2/3 % × 50 %*		21 000
Résultat Charles *(24 000 – 18 000) × 66 2/3 % } × 50 %*		2 000
Retraitement provisions réglementées Charles (à 50 %)		

Écritures pour l'établissement du compte de résultat

Reprises sur provisions réglementées	24 000	
Dotations aux provisions réglementées		12 000
Impôts sur les bénéfices *(24 000 – 12 000) × 33 1/3 %*		4 000
Résultat		8 000
Retraitement provisions réglementées Auguste		
Reprises sur provisions réglementées	30 000	
Impôts sur les bénéfices *(42 000 – 30 000) × 33 1/3 %*	4 000	
Résultat	8 000	
Dotations aux provisions réglementées		42 000
Retraitement provisions réglementées Benoît		
Reprises sur provisions réglementées *18 000 × 50 %*	9 000	
Impôts sur les bénéfices *(24 000 – 18 000) × 33 1/3 % × 50 %*	1 000	
Résultat	2 000	
Dotations aux provisions réglementées *24 000 × 50 %*		12 000
Retraitement provisions réglementées Charles		

17 Retraitement des comptes des entités étrangères

PRINCIPES CLÉS

Les comptes des entités étrangères doivent être retraités en monnaie de présentation des comptes consolidés.

1 Méthodes de retraitement

- Le règlement 99-02 du CRC sur les comptes consolidés distingue :
  - la méthode du cours historique ;
  - la méthode du cours de clôture.
- La norme IAS 21 distingue :
  - la présentation des transactions en monnaie étrangère dans la monnaie fonctionnelle ;
  - l'utilisation d'une monnaie de présentation autre que la monnaie fonctionnelle.
- On appelle monnaie fonctionnelle (IAS 21) « la monnaie de l'environnement économique principal dans lequel opère l'entité » et la monnaie de présentation « la monnaie utilisée pour la présentation des états financiers ».
- En pratique (à part celles du vocabulaire), il n'y a pas de divergences entre normes françaises et normes IFRS.

	Entités ayant une autonomie économique et financière (filiale autonome)	Entités n'ayant pas une autonomie économique et financière (filiale non autonome)
Méthode règlement 99-02	Cours de clôture	Cours historique
Méthode IAS 21	Utilisation d'une monnaie de présentation autre que la monnaie fonctionnelle	Présentation des transactions en monnaie étrangère dans la monnaie fonctionnelle

•••

•••

Conversions monétaires – capitaux propres – résultat (et compte de résultat) – autres postes	 Taux historique Taux moyen Taux de clôture	 Taux historique Taux historique (en principe) ou taux moyen (sauf amortissements et dépréciations sur des éléments convertis au cours historique) Taux historique (à l'exception des éléments monétaires, ou des éléments ramenés à leur actuelle par le biais d'une dépréciation, convertis au taux de clôture)
Affectations des écarts de conversion – écart sur situation nette d'ouverture – écart sur résultat	 Capitaux propres Néant	 Résultat Résultat

2 Cas spécifique des monnaies à forte inflation

Dans le cas d'entités dont la monnaie est celle d'une économie hyperinflationniste, les états financiers des dites entités doivent être libellés dans l'unité de mesure qui a cours à la date de clôture. Tous les montants (actifs, passifs, éléments de capitaux propres, charges et produits, y compris ceux fournis à titre comparatifs) seront ensuite convertis dans la monnaie de présentation au cours de clôture à la date du dernier bilan.

Application

La société Prosper a une participation de 70 % dans une société américaine, la société Kevin. Elle doit consolider celle-ci par intégration globale. Le bilan et le compte de résultat de la société Kevin (établis en k$) sont les suivants :

Bilan au 31 décembre N (en k$)

Immobilisations (a)	5 000	1 000	4 000	Capital (b)	3 000
Stocks	1 000	200	800	Réserves (c)	600
Créances	2 000		2 000	Résultat	400
Disponibilités			200	Dettes	3 000
Totaux			7 000	Totaux	7 000

(a) Acquises le 1er juillet N–2.

(b) Participation de Prosper souscrite au moment de la constitution le 1er janvier N–2.

(c) Résultats N–2 (200) et N–1 (400).

Compte de résultat exercice N (en k$)

Achats	4 000	Produits	6 900
Variation de stocks	–100		
Autres charges	2 000		
Dotations aux amortissements	400		
Dotations aux dépréciations des stocks	200		
Résultat net	400		
Totaux	6 900	Totaux	6 900

Le cours du dollar a varié depuis N–2 de la manière suivante (en $ pour 1 €) :
- 1er janvier N–2 : 1,20
- 1er juillet N–2 : 1,25
- 31 décembre N–2 : 1,28
- 31 décembre N–1 : 1,32
- 31 décembre N : 1,40

Les cours moyens de chaque exercice sont estimés à :
- N–2 : 1,24
- N–1 : 1,30
- N : 1,36

Présenter au 31 décembre N les écritures de retraitement (bilan et compte de résultat) :
– selon la méthode du cours de clôture ;
– selon la méthode du cours historique.

On considèrera (par mesure de simplification) que les réserves déterminées selon le cours historique sont égales aux réserves déterminées selon le cours de clôture (ce qui n'est pas toujours vrai).

Corrigé

1. Méthode du cours de clôture

Pour l'établissement du bilan

	Immobilisations *5 000 / 1,40*	3 571	
	Stocks *1 000 / 1,40*	714	
	Créances *2 000 / 1,40*	1 429	
	Liquidités *200 / 1,40*	143	
	Écart de conversion *(par différence)*	406	
	Capital *3 000 / 1,20*		2 500
	Réserves *200 / 1,24 + 400 / 1,30*		469
	Résultat *400 / 1,36*		294
	Amortissements *1 000 / 1,40*		714
	Dépréciation des stocks *200 / 1,40*		143
	Dettes *3 000 / 1,40*		2 143
	Conversion postes du bilan société Kevin		

Pour l'établissement du compte de résultat

Achats *4 000 / 1,36*	2 941	
Autres charges *2 000 / 1,36*	1 471	
Dotations aux amortissements *400 / 1,36*	294	
Dotations aux dépréciations des stocks *200 / 1,36*	147	
Résultat	294	
Variation de stocks *100 / 1,36*		74
Produits *6 900 / 1,36*		5 073
Conversion postes du compte de résultat société Kevin		

2. Méthode du cours historique

Pour l'établissement du bilan

Immobilisations *5 000 / 1,25*	4 000	
Stocks *1 000 / 1,40 (ramenés à leur valeur actuelle)*	714	
Créances *2 000 / 1,40*	1 429	
Liquidités *200 / 1,40*	143	
Capital *3 000 / 1,20*		2 500
Réserves *200 / 1,24 + 400 / 1,30*		469
Résultat *(par différence)*		231
Amortissements *1 000 / 1,25*		800
Dépréciation des stocks *200 / 1,40*		143
Dettes *3 000 / 1,40*		2 143
Conversion postes du bilan société Kevin		

Pour l'établissement du compte de résultat

Achats *4 000 / 1,36*	2 941	
Autres charges *2 000 / 1,36*	1 471	
Dotations aux amortissements *400 / 1,25*	320	
Dotations aux dépréciations des stocks *200 / 1,40*	144	
Écart de conversion	9	
Résultat	231	
Variation de stocks 1 000 / 1,36 – 900 (stock initial) / 1,30		43
Produits *6 900 / 1,36*		5 073
Conversion postes du compte de résultat société Kevin		

18 Élimination des comptes réciproques et des résultats internes

PRINCIPES CLÉS

Les comptes consolidés visant à donner une image de l'activité et de la situation de l'entité économique que forment les diverses entités retenues dans le périmètre de consolidation, il convient de ne retenir que :

- les seuls comptes exprimant un actif ou un passif à l'égard des tiers étrangers à celle seule entité ;
- les seules transactions réalisées avec ces tiers ;
- les seuls résultats provenant d'opérations réalisées avec ces tiers.

Il convient donc d'éliminer les opérations entre entreprises consolidées qui ont une incidence significative sur leur bilan et le compte de résultat.

1 Opérations réciproques n'affectant pas les résultats consolidés

a. Comptes réciproques d'actif et de passif entre entités intégrées

Sont notamment concernés :

- les créances / dettes ;
- les prêts / emprunts ;
- les clients / fournisseurs ;
- les autres débiteurs / autres créditeurs ;
- les comptes courants ;
- les effets à recevoir / effets à payer.

Le montant à éliminer est fonction de la méthode de consolidation utilisée.

Entreprises concernées		Montant de la créance / dette à éliminer
Intégration globale	Intégration globale	Totalité
Intégration globale	Intégration proportionnelle	Montant le plus faible
Intégration proportionnelle	Intégration proportionnelle	Montant le plus faible

Modèle d'écriture comptable

D. Compte de dettes (entité A) C. Compte de créances (entité B)

b. Comptes réciproques de produits et de charges entre entités intégrées

Sont notamment concernés :

- les achats / ventes de biens stockables ;
- les prestations de services ;
- les intérêts ;
- les subventions d'exploitation.

Comme pour les comptes réciproques d'actif et de passif (voir ci-dessus), le montant à éliminer est fonction de la méthode de consolidation utilisée.

Modèle d'écriture comptable

D. Compte de produits (entité A) C. Compte de charges (entité B)

2 Opérations réciproques affectant les résultats (et/ou les réserves) consolidés

a. Cessions internes de stocks

Lorsqu'une entreprise intégrée vend à une autre entreprise intégrée des produits (ou des marchandises), elle réalise un bénéfice (généralement) interne sur la cession de ces produits. Ce bénéfice vient cependant en diminution du résultat réalisé par la seconde entreprise lorsque celle-ci revend (après éventuellement transformation) le produit à l'extérieur, si bien que le total des bénéfices réalisés par ces deux entreprises est indifférent quel que le prix de cession interne.

Lorsque la seconde entreprise n'a pas revendu le produit, les comptes cumulés dégagent sur le stock un résultat interne qu'il faut régulariser. On tiendra compte d'un impôt payé d'avance sur ce résultat interne.

Modèle d'écritures comptables

Pour l'établissement du bilan :

D. Résultat (pour l'exercice pour la variation nette d'impôt de la marge sur stock)
D. Réserves (pour les exercices précédents pour la variation nette d'impôt de la marge sur stock)
D. Créance d'impôt différé
C. Stocks (pour la marge sur stock)

Pour l'établissement du compte de résultat :

D. Variation de stock
C. Impôt sur les bénéfices
C. Résultat

b. Cessions internes d'immobilisations

Lorsqu'une société intégrée vend à une autre société intégrée une immobilisation, elle réalise (généralement) une plus-value de cession qu'on peut qualifier d'interne (et qui sera imposée). La société acquéreuse peut cependant constater un amortissement plus important (si l'immobilisation est amortissable).
Les plus-values dégagées sur des immobilisations cédées à l'intérieur du groupe ainsi que les suppléments d'amortissements constatés doivent être annulés.

Modèle d'écritures comptables

a) Pour la cession

Pour l'établissement du bilan :

D. Résultat ou Réserves (selon que la cession a été effectuée dans l'exercice ou au cours d'exercices précédents pour la plus-value nette d'impôt)
D. Créance d'impôt différé
C. Immobilisations

Pour l'établissement du compte de résultat :

D. Produits des cessions d'éléments d'actif
C. Valeur comptable des éléments d'actifs cédés
C. Impôt sur les bénéfices
C. Résultat

b) Pour les suppléments d'amortissements

Pour l'établissement du bilan :

D. Immobilisations (pour le supplément global constaté) C. Réserves (pour le supplément d'amortissement net d'impôt des exercices précédents) C. Résultat (pour le supplément d'amortissement net d'impôt de l'exercice) C. Dette d'impôt différé

Pour l'établissement du compte de résultat :

D. Immobilisations (pour le supplément global constaté) C. Réserves (pour le supplément d'amortissement net d'impôt des exercices précédents) C. Résultat (pour le supplément d'amortissement net d'impôt de l'exercice) C. Dette d'impôt différé

c. Dépréciations sur titres, créances et provisions sur d'autres entités consolidées

L'élimination des dépréciations et provisions doit s'effectuer de la manière suivante :

- la fraction provenant des dépréciations et provisions des exercices antérieurs est comprise dans les réserves ;
- la variation de l'exercice est inscrite au résultat ;
- le montant à éliminer est fonction de la méthode de consolidation appliquée (élimination partielle en cas d'intégration proportionnelle).

Modèle d'écritures comptables

Pour l'établissement du bilan :

D. Dépréciations des immobilisations, stocks ou créances D. Provisions pour risques C. Réserves (pour les dépréciations et provisions nettes d'impôt des exercices précédents) C ou D : Résultat (pour les dépréciations et provisions nettes d'impôt de l'exercice) C. Dettes d'impôt différé

Pour l'établissement du compte de résultat :

D. Reprises sur dépréciations ou provisions D. Impôts sur les bénéfices (C si reprises > dotations) D. Résultat (C si reprises > dotations) D. Dotations aux dépréciations et provisions

d. Dividendes internes

Les dividendes de la filiale touchés par la société mère sont en fait des résultats d'exercices précédents qui doivent être considérés comme des réserves : il est nécessaire de les virer à ce compte.

Les dividendes n'étant pas imposés (régime des sociétés mères et des filiales), il n'y a pas lieu en général de tenir compte d'une fiscalité incidente.

Modèle d'écritures comptables

Pour l'établissement du bilan :

D. Résultat (entité ayant reçu le dividende)
C. Réserves (entité ayant reçu le dividende)

Pour l'établissement du compte de résultat :

D. Produits financiers
C. Résultat

e. Titres d'autocontrôle

Lorsque des actions ou des droits de vote d'une société sont possédés par une ou plusieurs sociétés dont elle détient directement ou indirectement le contrôle, il y a autocontrôle et (dans le droit français notamment – article L. 233-31 du Code de commerce) les droits de vote attachés à ces actions ou ces droits de vote ne peuvent être exercés à l'assemblée générale de la société. Dans le cadre de la présentation des comptes consolidés, ces titres doivent être annulés.

Modèle d'écriture comptable

D. Capital
D. Réserves
C. Titres de participation

3 Cas des entités mises en équivalence

Dans le cadre d'entités mises en équivalence, pour les opérations n'ayant aucune incidence sur les résultats, les comptes d'actif et de passif et les comptes de produits et charges réciproques ne doivent pas être retraités, puisque les comptes correspondants des entités mises en équivalence ne sont pas intégrés. Par contre (règlement 99-02 § 293), « les résultats internes compris dans les stocks, les immobilisations et autres actifs provenant d'opérations réalisées entre les entreprises dont les titres sont mis en équivalence et les entreprises dont les comptes sont intégrés globalement ou proportionnellement, voire entre entreprises sous influence notable doivent être éliminés ». Ces ajustements sont également spécifiés dans la norme IAS 28.

Application

La société Aline possède au 31 décembre N 80 % du capital de la société Blandine, 60 % de la société Christine et 30 % de la société Denise.

Les sociétés Aline, Blandine, Christine et Denise ont distribué respectivement en N : 5 000 000 €, 1 500 000 €, 800 000 € et 1 000 000 € de dividendes.

En N, la société Aline a vendu à la société Blandine 5 000 000 € HT de produits (dont 1 000 000 € TTC restent à régler le 31 décembre). La marge moyenne réalisée est de 20 %. Au 31 décembre N, il reste en stock 840 000 € de ces produits chez Blandine, il en restait 570 000 € au 31 décembre N–1.

La société Aline a prêté 2 000 000 € remboursables en bloc en N+5 le 1er juillet N à la société Christine (taux d'intérêt 6 % payable chaque année).

Le 1er avril N–1, la société Blandine a vendu à la Société Aline un ensemble immobilier acquis le 1er avril N–6 pour 1 000 000 € (dont 200 000 € pour le terrain) et amortissable en 20 ans (valeur résiduelle de la construction 400 000 €). Le prix a été fixé à 1 200 000 € (dont 260 000 € pour le terrain), l'amortissement devant se terminer le 1er avril N+14.

Présenter à la date du 31 décembre N dans le journal de consolidation de la société Aline les écritures qui vous semblent nécessaires (on tiendra compte d'un impôt différé calculé au taux de 33 1/3 %).

Corrigé

1. Écritures pour l'établissement du bilan consolidé

	Débit	Crédit
Résultat Aline	1 980 000	
Réserves Aline		1 980 000
Dividendes du groupe reçus par Aline		
1 500 000 × 80 % + 800 000 × 60 % + 1 000 000 × 30 %		
Impôts différés *168 000 × 33 1/3 %*	56 000	
Réserves Aline *570 000 × 20 % × 66 2/3 %*	76 000	
Résultat Aline *(840 000 – 570 000) × 20 % × 66 2/3 %*	36 000	
Stocks *840 000 × 20 %*		168 000
Retraitement des stocks		
Fournisseurs	1 000 000	
Clients		1 000 000
Dettes et créances réciproques		
Emprunts	2 000 000	
Intérêts courus sur emprunts *2 000 000 × 6 % × 6/12*	60 000	
Prêts		2 000 000
Intérêts courus sur prêts		60 000
Emprunts et prêts réciproques (et intérêts courus)		

Réserves Blandine *(60 000 + 240 000) × 66 2/3 %*	200 000	
Impôts différés *(60 000 + 240 000) × 33 1/3 %*	100 000	
Terrains *260 000 – 200 000*		60 000
Constructions		
940 000 – [800 000 – (800 000 – 400 000) × 5 % × 5]		240 000
Annulation plus-value sur cessions		
Constructions (ou amortissements constructions) *16 000 × 1,75*	28 000	
Réserves Aline *16 000 × 0,75 × 66 2/3 %*		8 000
Résultat Aline *16 000 × 66 2/3 %*		10 667
Impôts différés *28 000 × 33 1/3 %*		9 333
Retraitement des amortissements		
Amortissement nouveau : (940 000 – 400 000) / 15 = 36 000		
Amortissement ancien (800 000 – 400 000) / 20 = 20 000		
36 000 – 20 000 = 16 000		

2. Écritures pour l'établissement du compte de résultat consolidé.

Produits financiers	1 980 000	
Résultat		1 980 000
Dividendes du groupe reçus par Aline		
Variation de stocks *(840 000 – 570 000) × 20 %*	54 000	
Impôt sur les bénéfices *54 000 × 33 1/3 %*		18 000
Résultat		36 000
Retraitement des stocks		
Ventes	5 000 000	
Achats		5 000 000
Ventes et achats réciproques		
Produits financiers	12 000	
Charges financières		12 000
Produits et charges réciproques sur emprunt		
2 000 000 × 6 %		
Résultat	10 667	
Impôt sur les bénéfices *16 000 × 33 1/3 %*	5 333	
Dotations aux amortissements		16 000
Retraitement des amortissements		

Remarque : Il n'y pas dans cette application d'écriture relative à la régularisation de la plus-value de cession de l'immobilisation.
Celle-ci a été en N–1 :

Produits de cession des éléments d'actif	1 200 000	
Valeur comptable des éléments d'actif cédés		900 000
200 000 + [800 000 – (800 000 – 400 000 × 5 % × 5)]		
Impôt sur les bénéfices		100 000
Résultat		200 000
Annulation plus-value sur cessions		

Écarts d'évaluation 19

PRINCIPES CLÉS

Lors d'une entrée dans un groupe, les actifs et passifs identifiables doivent être inscrits à leur valeur d'entrée déterminée en fonction de l'usage prévu par l'entreprise consolidante.

On appelle « écarts d'évaluation » (règlement 99-02 du CRC sur les comptes consolidés § 211) « la différence entre la valeur d'entrée dans le bilan consolidé et la valeur comptable du même élément dans l'entreprise contrôlée ».

1 Normes françaises (règlement 99-02 CRC)

En vue de procéder à leur évaluation les actifs sont classés en deux catégories :
- les biens non destinés à l'exploitation ;
- les biens destinés à l'exploitation.

Les biens non destinés à l'exploitation, c'est-à-dire les actifs destinés à être revendus à brève échéance ou les actifs non nécessaires à l'exploitation, sont évalués à leur valeur de marché à la date d'acquisition ou, en l'absence de marché, à leur valeur vénale nette des coûts de sortie.

Les biens destinés à l'exploitation sont évalués à leur valeur d'utilité pour l'entreprise consolidante. Celle-ci correspond au prix qu'elle aurait accepté de payer si elle avait acquis ces éléments séparément, compte tenu de l'usage qu'elle compte en faire.

Les dettes et créances d'impôts différés attachées aux écarts d'évaluation doivent être pris en compte (à l'exception des passifs d'impôts différés provenant de la comptabilisation des écarts d'évaluation portant sur des actifs incorporels généralement non amortis ne pouvant être cédés séparément de l'entreprise acquise).

Les droits des minoritaires sont calculés sur la base de l'actif net réévalué de l'entreprise acquise.

2 Normes IFRS

- La norme IFRS 3 (§ 18) précise que l'acquéreur doit évaluer les actifs identifiables acquis et les passifs repris à leur juste valeur à la date d'acquisition.
- L'application de ce principe peut aboutir à la comptabilisation de certains actifs et passifs que l'entreprise acquise n'avait pas précédemment comptabilisés en tant qu'actifs et passifs dans ses états financiers. C'est le cas, par exemple, des marques ou des brevets développés en interne. Ainsi, les contrats de location simple doivent être constatés en immobilisation incorporelle si les modalités du contrat sont favorables par comparaison aux conditions de marché et en passif si les termes sont défavorables. Les passifs éventuels repris à l'occasion d'un regroupement d'entreprises doivent être comptabilisés comme un passif s'il s'agit d'une obligation actuelle découlant d'événements passés et si sa juste valeur peut être évaluée de manière fiable. Les actifs destinés à être cédés doivent être évalués selon IFRS 5 à leur juste valeur diminuée des coûts de la vente.

Application

La société Émile a pris le contrôle le 1er janvier N–3 de la société Henriette, en faisant l'acquisition de 80 % du capital de cette dernière.
La situation nette de cette société était alors de 1 800 000 €.
Il y a lieu de tenir compte des valeurs suivantes au 1er janvier N–3 :

Éléments d'actif identifiables	Valeurs comptables	Valeurs d'utilité (juste valeur)	Durée d'amortissement
Frais de développement	30 000	45 000	5 ans
Brevets	100 000	136 000	10 ans
Terrains d'exploitation	120 000	153 000	
Constructions d'exploitation	600 000	750 000	20 ans
Terrains hors exploitation	80 000	100 000	
Constructions hors exploitation	200 000	250 000	20 ans
Autres immobilisations corporelles	500 000	530 000	10 ans
Créances à long terme	100 000	À déterminer	
Stocks	170 000	194 000	

Les terrains et constructions hors exploitation sont destinés à être vendus. Les frais de vente sur ces immobilisations sont estimés à 5 % du prix de vente. Au 31 décembre N, la vente n'a toujours pas été effectuée et les valeurs vénales sont semblables à celles au 1er janvier N–3.
Les créances à long terme sont relatives à un prêt au personnel effectué le 1er janvier N–4 remboursable en bloc au bout de six ans. Taux d'intérêt 2 % (alors que le taux de marché est de 6 %).

D'autre part, un contrat de location financement a été pris sur un ensemble immobilier le 1er janvier N–4 pour une durée de 9 ans. Le loyer est de 10 000 € par an, constatés en charges. La valeur de l'immeuble est estimée au 1er janvier N–3 à 300 000 €. Elle est estimée au 1er janvier N+4 à 280 000 €. Le taux d'actualisation à prendre en compte est également de 6 %.
Enfin, il doit être tenu compte de passifs éventuels estimés au 1er janvier N–3 à 90 000 €.

Analyser les écarts d'évaluation à constater lors de la consolidation des comptes de la société Henriette et présenter les écritures comptables au 31 décembre N (normes IFRS).

Corrigé

1. Analyse préalable

• Justes valeurs diminuées des coûts de vente des éléments hors exploitation :
– terrains : 100 000 – 100 000 × 5 % = 95 000
– constructions : 250 000 – 250 000 × 5 % = 237 500

• Valeur de la créance à long terme :
– au 1er janvier N–3 : $100\,000 \times 2\,\% \times \frac{1-1{,}06^{-5}}{0{,}06} + 100\,000 \times 1{,}06^{-5} = 83\,151$
– au 1er janvier N : $100\,000 \times 2\,\% \times \frac{1-1{,}06^{-2}}{0{,}06} + 100\,000 \times 1{,}06^{-2} = 92\,666$
– au 31 décembre N : $100\,000 \times 2\,\% \times \frac{1-1{,}06^{-1}}{0{,}06} + 100\,000 \times 1{,}06^{-1} = 96\,226$

• Valeur du contrat de location financement :
– au 1er janvier N–4 : $300\,000 - 280\,000 \times 1{,}06^{-9} - 10\,000 \times \frac{1-1{,}06^{-9}}{0{,}06} = 66\,252$
– au 1er janvier N–3 : 66 252 × 8/9 = 58 891

• Tableau de synthèse des écarts d'évaluation au 1er janvier N–3 :

Éléments d'actif identifiables	Valeurs comptables	Valeurs retenues	Écarts d'évaluation
Frais de développement	30 000	45 000	15 000
Brevets	100 000	136 000	36 000
Terrains d'exploitation	120 000	153 000	33 000
Constructions d'exploitation	600 000	750 000	150 000
Terrains hors exploitation	80 000	95 000	15 000
Constructions hors exploitation	200 000	237 500	37 500
Autres immobilisations corporelles	500 000	530 000	30 000
Location financement	0	58 891	58 891
Créances à long terme	100 000	83 151	–16 849
Stocks	170 000	194 000	24 000
Passifs éventuels		–90 000	–90 000
Totaux			292 542

Les impôts différés sur ces écarts d'évaluation sont de 292 542 × 33 1/3 % = 97 514.

2. Écritures comptables

Pour l'établissement du bilan

Frais de développement	15 000	
Brevets	36 000	
Terrains d'exploitation	33 000	
Constructions d'exploitation	150 000	
Terrains hors exploitation	15 000	
Constructions hors exploitation	37 500	
Autres immobilisations corporelles	30 000	
Contrats de location financement	58 891	
Stocks	24 000	
Créances à long terme		16 849
Provisions		90 000
Dettes d'impôt différé		97 514
Réserves Henriette *292 542 x 66 2/3 %*		195 028
Écart d'évaluation société Henriette		
Résultat Henriette *[15 000/5 + 36 000/10 + 150 000/20 + 30 000/10 + 58 891/8 – (96 226 – 92 666)] x 66 2/3 %*	13 934	
Réserves Henriette *[15 000 x 3/5 + 36 000 x 3/10 + 150 000 x 3/20 + 30 000 x 3/10 + 58 891 x 3/8 – (92 666 – 83 151)] x 66 2/3 %*	42 580	
Dettes d'impôt différé *(12 000 + 14 400 + 30 000 + 12 000 + 29 446 – 13 075) x 33 1/3 %*	28 257	
Créances à long terme *96 226 – 83 151*	13 075	
Frais de développement *15 000 x 4/5*		12 000
Brevets *36 000 x 4/10*		14 400
Constructions d'exploitation *150 000 x 4/20*		30 000
Autres immobilisations corporelles *30 000 x 4/10*		12 000
Contrats de location financement *58 891 x 4/8*		29 446
Amortissements et provisions. Pas d'amortissements sur constructions hors exploitation dont la juste valeur est restée inchangée.		
Réserves Henriette	16 000	
Impôts différés	8 000	
Stocks		24 000
Stocks considérés comme vendus		

Pour l'établissement du compte de résultat

Dotations aux amortissements *15 000 / 5 + 36 000/10 + 150 000 / 20 + 30 000 / 10 + 58 891 / 8*	24 461	
Reprises sur dépréciations *96 226 – 92 666*		3 560
Impôts sur les bénéfices *(24 461 – 3 560) x 33 1/3 %*		6 967
Résultat		13 934
Dotations nettes sur écarts d'évaluation		

Écarts d'acquisition 20

PRINCIPES CLÉS

- Selon IFRS 3 (§ 32) l'acquéreur doit comptabiliser le goodwill à la date d'acquisition, évalué comme étant l'excédent :
  - du total de la contrepartie transférée, évalué à la juste valeur, et du montant de la participation ne donnant pas le contrôle dans l'entreprise acquise, évaluée soit à la juste valeur soit à la part proportionnelle de la dite participation dans l'actif net identifiable de l'entreprise acquise ;
  - le solde net des montants des actifs identifiables acquis et des passifs repris.
- Selon le règlement 99-02 (§ 21 et 21130) la différence entre le coût d'acquisition des titres et l'évaluation totale des actifs et passifs identifiés à la date d'acquisition constitue l'écart d'acquisition. L'écart d'acquisition positif est inscrit à l'actif immobilisé. Il peut faire l'objet d'un amortissement et/ou d'une dépréciation (voir ci-dessous § 4).
- La comptabilisation du goodwill n'engendre pas d'impôt différé (IAS 12 § 21).
- La notion de « goodwill » en IFRS correspond à la notion d'« écart d'acquisition » en règles françaises. En normes IFRS, il est possible d'opter pour le calcul d'un goodwill total (ou complet : full goodwill) ou d'un goodwill partiel (purchase goodwill).
- Le traitement de la dépréciation (ou de l'amortissement) de l'écart d'acquisition est différent en règles françaises et en normes IFRS.
- Le traitement des écarts négatifs est différent en règles françaises et en normes IFRS.

1 Calcul de l'écart d'acquisition (goodwill partiel en IFRS)

Il y a lieu de comparer la valeur d'acquisition des titres de participation et la juste valeur des actifs et passifs identifiables.

Exemple

La société Alpha a fait l'acquisition le 1er janvier N–2 pour 800 000 € de 60 % du capital de la société Bêta. À cette date, les actifs et passifs identifiables évalués à leur juste valeur (tenant compte des écarts d'évaluation tels qu'ils ont été déterminés dans la fiche précédente) sont de 1 100 000 €.
La quote-part d'intérêt de la société Alpha dans la valeur de ces actifs et passifs identifiables est de 1 100 000 × 60 % = 660 000 €.
L'écart d'acquisition est donc de 800 000 – 660 000 = 140 000 €.

2 Comptabilisation de l'écart d'acquisition (goodwill partiel en IFRS) à la prise de contrôle

Deux méthodes essentielles peuvent être utilisées pour comptabiliser l'écart d'acquisition. Il est porté à l'actif et en contrepartie peut être considéré comme une réserve revenant à l'acquéreur ou il peut être imputé sur la valeur des titres de participation qui se trouve ramenée à la quote-part de l'acquéreur dans les actifs et passifs identifiables de l'entité acquise.

■ *Première méthode*

D. Écart d'acquisition (ou goodwill)
C. Réserves acquéreur

■ *Deuxième méthode*

D. Écart d'acquisition
C. Titres de participation

Exemple

En reprenant l'exemple ci-dessus on passerait les écritures suivantes :

Première méthode

		Débit	Crédit
Écart d'acquisition (goodwill)		140 000	
Réserves Alpha			140 000
Écart d'acquisition Bêta			

Deuxième méthode

Écart d'acquisition (goodwill)	140 000	
Titres de participation (Bêta)		140 000
Écart d'acquisition Bêta		

Il est à noter que les deux méthodes donneront les mêmes informations finales puisque si, par exemple, au moment de l'élimination des titres de participation, à la date de consolidation, le capital de Bêta était de 800 000, les réserves de 600 000 et le résultat de 100 000, on aurait les écritures suivantes :

Première méthode

Capital Bêta	800 000	
Réserves Bêta	600 000	
Résultat Bêta	100 000	
Titres de participation (Bêta)		800 000
Réserves Alpha *(800 000 + 600 000) × 60 % – 800 000*		40 000
Résultat Alpha *100 000 × 60 %*		60 000
Intérêts minoritaires sur capital et réserves *(800 000 + 600 000) × 40 %*		560 000
Intérêts minoritaires sur résultat *100 000 × 40 %*		40 000
Intégration Bêta		

Deuxième méthode

Capital Bêta	800 000	
Réserves Bêta	600 000	
Résultat Bêta	100 000	
Titres de participation (Bêta) *800 000 – 140 000*		660 000
Réserves Alpha *(800 000 + 600 000) × 60 % – 660 000*		180 000
Résultat Alpha *100 000 × 60 %*		60 000
Intérêts minoritaires sur capital et réserves *(800 000 + 600 000) × 40 %*		560 000
Intérêts minoritaires sur résultat *100 000 × 40 %*		40 000
Intégration Bêta		

Nous avons choisi d'utiliser la seconde méthode dans la suite de cet ouvrage.

3 Dépréciation du goodwill en normes IFRS

Pour les besoins des tests de dépréciation, à compter de la date d'acquisition, le goodwill acquis dans un regroupement d'entreprises doit être affecté à chacune des unités génératrices de trésorerie de l'acquéreur ou à chacun des groupes d'unités génératrices de trésorerie susceptibles de bénéficier des synergies du regroupement d'entreprises, que d'autres actifs ou passifs de l'entreprise acquise soient ou non affectés à ces unités ou groupes d'unités.

Une unité génératrice de trésorerie à laquelle un goodwill a été affecté doit être soumise à un test de dépréciation tous les ans ainsi que chaque fois qu'il y a un indice que

l'unité peut s'être dépréciée, en comparant la valeur comptable de l'unité, y compris le goodwill, à la valeur recouvrable de l'unité. Si la valeur recouvrable de l'unité excède sa valeur comptable, l'unité et le goodwill qui lui est affecté doivent être considérés comme ne s'étant pas dépréciés. Si la valeur comptable de l'unité excède sa valeur recouvrable, l'unité doit comptabiliser la perte de valeur.
Cette perte de valeur s'impute d'abord sur le goodwill puis sur les autres actifs affectés à l'unité génératrice de trésorerie.
Un perte de valeur comptabilisée pour un goodwill ne doit pas être reprise lors d'une période ultérieure.

4 Amortissements et dépréciations de l'écart d'acquisition en règles françaises

Lorsqu'il existe, lors de l'acquisition, une limite prévisible à sa durée d'utilisation, l'écart d'acquisition est amorti linéairement sur cette durée, ou, si elle ne peut être déterminée de manière fiable, sur 10 ans.
L'entité doit apprécier, à chaque clôture des comptes, s'il existe un indice montrant que l'écart d'acquisition a pu perdre de sa valeur. Si sa valeur actuelle devient inférieure à sa valeur nette comptable, cette dernière est ramenée à la valeur actuelle par le biais d'une dépréciation.
Lorsque la durée d'utilisation de l'écart d'acquisition est non limitée, le test de dépréciation est réalisé au moins une fois par exercice, qu'il existe ou non un indice de perte de valeur.
Les dépréciations comptabilisées ne sont jamais reprises.

5 Traitement du goodwill négatif en normes IFRS

Le goodwill négatif correspond, pour la part revenant à l'acquéreur, soit à une prévision de perte ou de défaut de rendement soit, le cas échéant, à une plus-value potentielle du fait d'une acquisition effectuée dans des conditions avantageuses.
Le goodwill négatif doit être constaté immédiatement en résultat.

6 Traitement de l'écart d'acquisition négatif en règles françaises

Un écart d'acquisition négatif correspond généralement soit à une plus-value potentielle du fait d'une acquisition effectuée dans des conditions avantageuses, soit à une rentabilité insuffisante de l'entreprise acquise.
Toutefois, lors de l'acquisition, les actifs incorporels identifiés qui ne peuvent pas être évalués par référence à un marché actif ne doivent pas être comptabilisés au bilan consolidé s'ils conduisent à créer ou à augmenter un écart d'acquisition négatif.
L'excédent négatif éventuel est rapporté au résultat sur une durée qui doit refléter les hypothèses retenues et les objectifs fixés lors de l'acquisition.

7 L'évaluation des intérêts minoritaires et du goodwill selon IFRS 3

Pour IFRS 3 (§ 19), « pour chaque regroupement d'entreprise, l'acquéreur doit évaluer toute participation ne donnant pas le contrôle détenue dans l'entreprise acquise soit à la juste valeur, soit à la part proportionnelle de la participation dans l'actif net identifiable de l'entreprise acquise ». L'application de cette règle conduit à la détermination de deux valeurs de goodwill : un goodwill total ou un goodwill partiel.

Exemple

La société Alpha a fait l'acquisition le 1er janvier N–2 pour 600 000 € de 60 % du capital de la société Bêta. À cette date, les actifs et passifs identifiables évalués à leur juste valeur (tenant compte des écarts d'évaluation tels qu'ils sont été déterminés dans la fiche précédente) sont de 900 000 €.
La juste valeur de la société Bêta est de 600 000 / 60 % = 1 000 000 €.
Si la participation ne donnant pas le contrôle (intérêts minoritaires) est évaluée à la juste valeur, le goodwill (goodwill *total* ou *full goodwill*) est de 1 000 000 – 900 000 = 100 000 €.
Si la participation est évaluée à la part proportionnelle dans l'actif net identifiable, le goodwill (goodwill partiel ou *purchase goodwill*) est de 600 000 – 900 000 × 60 % = 60 000 €.

8 Différentes définitions du terme « *goodwill* » et de termes ayant des significations proches

Goodwill (IFRS 3)

Un actif représentant les avantages économiques futurs résultant des autres actifs acquis lors d'un regroupement d'entreprises qui ne sont pas identifiés individuellement et comptabilisés séparément.

Fonds commercial (JO du 22.09.2000) (en anglais « goodwill »)

Éléments incorporels qui ne font pas l'objet d'une évaluation et d'une comptabilisation séparées au bilan, et qui concourent au maintien et au développement du potentiel d'activité de l'entreprise.
Note : Le fonds commercial ne doit pas être confondu avec le fonds de commerce

Fonds de commerce (base terminologique du Conseil international de la langue française) (en anglais « goodwill »)

Ensemble des éléments corporels et incorporels qui appartiennent à un commerçant ou à un industriel et qui lui permettent d'exercer sa profession. En droit, le fonds de commerce est considéré comme un bien unitaire incorporel, soumis à un régime particulier.

■ *Survaleur (JO du 07.09.2007) (en anglais « goodwill »)*

Différence positive entre la valeur d'une entreprise sur le marché et la valeur comptable de son actif net, telle qu'elle ressort de son bilan au moment d'une acquisition ou d'une fusion.

Remarque

- La notion de « survaleur » est utilisée notamment dans le cadre d'une offre publique d'achat (OPA), d'une offre publique d'échange (OPE) ou d'une fusion.
- La survaleur est une partie de l'actif incorporel.
- On rencontre aussi le terme « écart d'acquisition positif ».

Application

La société Arnaud a fait l'acquisition le 1er janvier N–3 de 60 % du capital de la société Bertrand pour 1 200 000 € et de 70 % du capital de la société Cécile pour 500 000 €. Un écart d'évaluation a été constaté lors de la prise de contrôle de Bertrand et concerne des terrains pour 120 000 € et des constructions amortissables en 20 ans pour 180 000 €. Aucun écart n'a été constaté sur Cécile.
Au 1er janvier N–3, les situations nettes comptables de Bertrand et Cécile étaient respectivement de 1 500 000 € et 800 000 €.
La durée qui reflète, aussi raisonnablement que possible, les hypothèses retenues et les objectifs fixés et documentés lors de l'acquisition est estimée être de 10 ans pour les deux sociétés.
En N–1 et N, après test de dépréciation, il est constaté une perte de valeur de 60 000 € fin N–1 et 90 000 € fin N sur le goodwill constaté sur la société Bertrand.

Présenter au 31 décembre N les écritures de consolidation relatives aux écarts d'acquisition (goodwill) en règles françaises et en IFRS (goodwill partiel ou *purchase goodwill*).

Corrigé

Actif net société Bertrand (en tenant compte des écarts d'évaluation) :
1 500 000 + (120 000 + 180 000) × 66 2/3 % = 1 700 000.

Écart d'acquisition société Bertrand : 1 200 000 – 1 700 000 × 60 % = 180 000 €.

Écart d'acquisition société Cécile : 500 000 – 800 000 × 70 % = – 60 000 €.

1. Comptabilisation en règles françaises

Pour l'établissement du bilan

Écart d'acquisition	180 000	
Titres de participation (Bertrand)		180 000
Écart d'acquisition Bertrand (positif)		
Titres de participation (Cécile)	60 000	
Provisions pour risques		60 000
Écart d'acquisition Cécile (négatif)		

Résultat Arnaud	18 000	
Réserves Arnaud *180 000 × 3/10*	54 000	
Écart d'acquisition		72 000
Amortissement écart d'acquisition Bertrand		
Réserves Arnaud *60 000 – 54 000*	6 000	
Résultat Arnaud *90 000 – 72 000 – 6 000*	12 000	
Écarts d'acquisition *90 000 – 72 000*		18 000
Dépréciation écart d'acquisition Bertrand		
Provisions pour risques	24 000	
Résultat Arnaud *60 000 /10*		6 000
Réserves Arnaud *60 000 × 3/10*		18 000
Reprise provision écart d'acquisition Cécile		

Pour l'établissement du compte de résultat

Dotations aux amortissements des écarts d'acquisition	18 000	
Résultat		18 000
Amortissement écart d'acquisition Bertrand		
Dotations aux dépréciations des écarts d'acquisition	12 000	
Résultat		12 000
Dépréciation constatée fin N		
Résultat	6 000	
Reprises sur provisions pour risques		6 000
Reprise provision		

2. Comptabilisation en IFRS

Pour l'établissement du bilan

Goodwill	180 000	
Titres de participation (Bertrand)		180 000
Goodwill Bertrand (positif)		
Titres de participation (Cécile)	60 000	
Résultat Arnaud		60 000
Goodwill Cécile (négatif)		
Résultat Arnaud	60 000	
Réserves Arnaud *90 000 – 30 000*	30 000	
Goodwill		90 000
Dépréciation goodwill Bertrand		

Pour l'établissement du compte de résultat

Dotations aux dépréciations du goodwill	30 000	
Résultat		30 000
Dépréciation goodwill Bertrand		
Résultat	60 000	
Résultat sur acquisitions filiales		60 000
Goodwill Cécile (négatif)		

21 Mise en équivalence

PRINCIPES CLÉS

- Les titres mis en équivalence sont réévalués dans les comptes consolidés à la quote-part de l'actif net comptable de la participation. Les plus-values dégagées sont portées en réserves et dans un compte de résultat spécifique.
- La mise en équivalence s'applique aux entités sous influence notable (entités associées). Dans les IFRS, elle s'applique également dans le cadre de la consolidation des coentreprises.

1 Mise en équivalence dans les comptes consolidés

- À la date de première consolidation, la mise en équivalence consiste à substituer, à la valeur comptable des titres, la quote-part qu'ils représentent dans les capitaux propres de l'entreprise consolidée.
- La valeur des titres mis en équivalence est égale, à chaque fin d'exercice, à la quote-part des capitaux propres retraités de l'entreprise consolidée à laquelle ils équivalent. La variation des capitaux propres retraités des entreprises consolidées par mise en équivalence, de quelque nature qu'elle soit, augmente ou diminue donc la valeur des titres mis en équivalence à la clôture de l'exercice précédent.

Exemple

La société Alpha a pris une participation de 30 % lors de la constitution de la société Oméga. Le prix d'acquisition des titres était de 300 000 €.
Les capitaux propres de la société Oméga s'analysent ainsi au 31 décembre N :

• Capital	1 000 000
• Réserves	400 000
• Résultat	100 000
	1 500 000

La valeur d'équivalence des titres Oméga possédés par la société Alpha s'élève à 1 500 000 € × 30 % = 450 000 €.
Les écritures de retraitement suivantes devront être comptabilisées.

Écriture pour le bilan

Titres Oméga mis en équivalence	450 000	
Titres de participation Oméga		300 000
Réserves Alpha *400 000 × 30 %*		120 000
Résultat Alpha *100 000 × 30 %*		30 000
Mise en équivalence d'une participation		

Écriture pour le compte de résultat

Résultat	30 000	
Quote-part dans les résultats des entreprises mises en équivalence		30 000
Mise en équivalence d'une participation		

2 Élimination des résultats sur opérations internes

a. Normes IFRS

Les profits ou les pertes découlant de transactions « d'amont » et « d'aval » entre un investisseur (y compris ses filiales consolidées) et une entreprise associée ou une coentreprise ne sont comptabilisés dans les états financiers de l'investisseur qu'à concurrence des intérêts des investisseurs non liés dans cette entreprise associée ou cette coentreprise. Les transactions « d'amont » sont, par exemple, les ventes d'actifs à l'investisseur par l'entreprise associée ou la coentreprise. Les transactions « d'aval » sont, par exemple, les ventes d'actifs par l'investisseur à l'entreprise associée ou à la coentreprise. La quote-part de l'investisseur dans les profits ou les pertes de l'entreprise associée ou de la coentreprise découlant de ces transactions est éliminée.

b. Règles françaises (règlement 99-02)

Sont éliminés, à hauteur du pourcentage de participation détenu par le groupe dans le capital de l'entreprise mise en équivalence, les résultats compris dans les stocks, les immobilisations et autres actifs, et les résultats provenant d'opérations entre cette entreprise et celles dont les comptes sont intégrés globalement.
Si les opérations ont été effectuées avec une entreprise intégrée proportionnellement ou mise en équivalence, l'élimination s'effectue à la hauteur du produit des pourcentages des deux participations.
Les dotations aux comptes de dépréciations des titres de participation constituées par l'entreprise détentrice des titres, en raison de pertes subies par les entreprises dont les titres sont mis en équivalence, sont éliminées en totalité.

3 Traitement de l'écart d'acquisition (goodwill)

a. Normes IFRS

Le goodwill lié à une entreprise associée est compris dans la valeur comptable de la participation (IAS 28 § 32).

b. Règles françaises (règlement 99-02 du CRC)

L'écart qui en résulte est un écart d'acquisition présenté selon les mêmes modalités que les écarts d'acquisition définis dans le cadre de l'intégration globale (Reg. 99-02 § 291).

4 Mise en équivalence dans les comptes individuels

Il y a lieu de ne pas confondre la mise en équivalence dans le cadre de la consolidation et la mise en équivalence dans les comptes individuels.

a. Bases juridiques

L'article L. 232-5 du Code de commerce permet aux sociétés qui établissent des comptes consolidés la possibilité d'inscrire les titres des sociétés qu'elles contrôlent de manière exclusive à l'actif du bilan (comptes sociaux dits « comptes annuels ») en fonction de la quote-part des capitaux propres déterminée d'après les règles de consolidation que ces titres représentent. La contrepartie de la variation annuelle de la quote-part globale des capitaux propres représentative de ces titres est inscrite distinctement dans un poste de capitaux propres.

L'article 221-4 du Plan comptable général précise quant à lui :

« Les titres des sociétés contrôlées de manière exclusive peuvent être évalués par équivalence.

La valeur d'équivalence des titres d'une société contrôlée de manière exclusive est égale à la quote-part des capitaux propres correspondant aux titres, augmentée du montant de l'écart d'acquisition rattaché à ces titres. Les capitaux propres concernés sont les capitaux propres retraités selon les règles de la consolidation avant répartition du résultat et avant élimination des cessions internes à l'ensemble consolidé.

Si à la date de clôture de l'exercice la valeur globale des titres évalués par équivalence est inférieure au prix d'acquisition, une provision pour dépréciation globale du portefeuille est constituée. Une provision pour risque global de portefeuille est constituée si la valeur globale d'équivalence est également négative.

Pour l'établissement des comptes du premier exercice d'application de la présente méthode, la valeur nette comptable des titres figurant au bilan à l'ouverture tient lieu de prix d'acquisition.

Lors de la cession d'une fraction ou de la totalité des titres concernés, ceux-ci sont sortis de l'actif du bilan pour leur prix d'acquisition ».

b. Conditions d'application

- Seules les sociétés qui établissent par ailleurs des comptes consolidés peuvent retenir cette méthode pour la présentation de leurs comptes sociaux.
- Seuls les titres de sociétés sur lesquelles s'exerce un contrôle exclusif peuvent être évalués ainsi, et cela quelle que soit la méthode consolidation suivie (*il est à noter que dans les comptes consolidés l'évaluation par équivalence s'applique à d'autres titres, ceux pour lesquels la société mère a une influence notable et, dans les IFRS, pour les coentreprises*).
- Cette méthode d'évaluation doit être appliquée à l'ensemble des titres des sociétés contrôlées de façon exclusive, ce qui peut entraîner une compensation entre plus-values et moins-values. Les filiales visées doivent également la retenir pour évaluer les titres de leurs propres filiales, si les conditions sont remplies.
- L'option pour cette méthode dérogatoire correspond à un changement de méthode qui doit être :
  - signalé dans l'annexe lors de la première mise en application ;
  - maintenu à l'avenir sauf changement exceptionnel justifié (permanence des méthodes).

c. Calcul de la valeur d'équivalence

La valeur d'équivalence est égale à la somme :

a) des quotes-parts (positives ou négatives) des capitaux propres des filiales concernées. Ceux-ci sont déterminés :

- avant répartition des résultats ;
- mais après retraitement de consolidation autres que les éliminations des résultats de cessions internes qui, selon le Conseil national de la comptabilité (avis du 15 janvier 1990), ne doivent pas être pris en considération ;

b) du montant net de l'écart non affecté de première consolidation. Il s'agit de l'écart d'acquisition figurant au bilan consolidé, réduit chaque année par un amortissement.

d. Comptabilisation

La valeur globale des « Participations évaluées par équivalence » est portée à un compte 261 distinct des « Autres participations ».

L'écart positif dégagé par rapport à la valeur comptable antérieure globale est inscrit dans un compte de capitaux propres 107 « Écart d'équivalence ».

Application

La société Victor a pris le 1er janvier N–2 une participation de 25 % dans la société Raymond pour 250 000 €.
Au 1er janvier N–2, la situation nette comptable de la société Raymond était de 600 000 €. Des actifs immobiliers étaient sous évalués (terrains pour 60 000 € et constructions pour 150 000 €, amortissables en 20 ans).
Le 30 juin N, la société Raymond a vendu à la société Victor un matériel en acquis, le 1er juillet N–3, 30 000 € et amortissable en 10 ans (valeur résiduelle nulle) pour 24 000 €.
Au 31 décembre N, la situation nette de la société Raymond est de 840 000 € (capital 500 000, réserves 300 000, résultat de l'exercice 40 000).

Présenter au 31 décembre N les écritures de mise en équivalence de la société Raymond dans les comptes consolidés de Victor (normes françaises et internationales).

Remarque : Dans les normes françaises, alors qu'on n'a pas constaté de dépréciation, les écarts d'acquisition sont amortis en dix ans.

Corrigé

1. Calculs préliminaires

- Au moment de la prise de contrôle, il y a lieu de tenir compte d'un écart d'évaluation ainsi déterminé :

– terrains :	60 000
– constructions :	150 000
	210 000
– impôts différés : 210 000 × 33 1/3 % =	70 000
	140 000

- Au moment de la prise de contrôle, il y a lieu de tenir compte d'un écart d'acquisition ainsi déterminé :

– actif net comptable :	600 000
– écart d'évaluation :	140 000
	740 000
Quote-part revenant à Victor : 740 000 × 25 % =	185 000
Écart d'acquisition : 250 000 – 185 000 =	65 000

- Amortissements des écarts d'évaluation (après impôt)

– années N–2 et N–1 : 150 000 × 2/20 × 66 2/3 % =	10 000
– année N : 150 000 × 1/20 × 66 2/3 % =	5 000

- Amortissements des écarts d'acquisition (règles françaises)

– années N–2 et N–1 : 65 000 × 2/10 =	13 000
– année N : 65 000 × 1/10 =	6 500

- Cession d'immobilisation :

– prix de cession :	24 000
– valeur comptable : 30 000 – 30 000 × 10 % × 3 =	21 000
	3 000
– après impôt : 3 000 × 66 2/3 % =	2 000

2. Écritures comptables (normes françaises)

Pour l'établissement du bilan

Écart d'acquisition	65 000	
Titres de participation Raymond		65 000
Écart d'acquisition		
Réserves Victor	13 000	
Résultat Victor	6 500	
Écart d'acquisition		19 500
Amortissement écart d'acquisition		
Titres mis en équivalence Raymond	240 750	
840 000 + [(140 000 – 10 000 – 5 000) – 2 000] × 25 %		
Titres de participation Raymond *250 000 – 65 000*		185 000
Réserves Victor		47 500
[(500 000 + 300 000 – 600 000) – 10 000] × 25 %		
Résultat Victor *(40 000 – 5 000 – 2 000) × 25 %*		8 250
Mise en équivalence titres Raymond		

Pour l'établissement du compte de résultat

Dotations aux amortissements des écarts d'acquisition	6 500	
Résultat		6 500
Dotation de l'exercice		
Produits des cessions d'actif *24 000 × 25 %*	6 000	
Valeur comptable des éléments d'actif cédés		5 250
21 000 × 25 %		
Impôts sur les bénéfices *(6 000 – 5 250) × 33 1/3 %*		250
Résultat *2 000 × 25 %*		500
Élimination résultat interne		
Résultat	8 750	
Quote-part de résultat de sociétés mises en équivalence		8 750
Résultat participation Raymond (40 000 – 5 000) × 25 %		

3. Écritures comptables (normes IFRS)

Pour l'établissement du bilan

Titres mis en équivalence Raymond	305 750	
840 000 + (140 000 – 10 000 – 5 000) - 2 000] × 25 % + 65 000		
Titres de participation Raymond		250 000
Réserves Victor		47 500
[(500 000 + 300 000 - 600 000) – 10 000] × 25 %		
Résultat Victor *(40 000 – 5 000 – 2 000) × 25 %*		8 250
Mise en équivalence titres Raymond		

Pour l'établissement du compte de résultat

Produits des cessions d'actif *24 000 × 25 %*	6 000	
Valeur comptable des éléments d'actif cédés *21 000 × 25 %*		5 250
Impôts sur les bénéfices *(6 000 – 5 250) × 33 1/3 %*		250
Résultat *2 000 × 25 %*		500
Élimination résultat interne		
Résultat	8 750	
Quote-part de résultat de sociétés mises en équivalence		8 750
Résultat participation Raymond (40 000 – 5 000) × 25 %		

Intégration globale et intégration proportionnelle 22

1 Intégration globale
2 Intégration proportionnelle
3 Consolidation faisant intervenir un écart d'évaluation et un écart d'acquisition
4 Consolidation directe et consolidation par paliers
5 Organisation pratique de la consolidation

PRINCIPES CLÉS

- Dans le cadre de l'intégration globale, il y a lieu d'éliminer des comptes consolidés la valeur des titres de participation des filiales comptabilisés dans les comptes individuels et de répartir les capitaux propres et le résultat entre les intérêts de l'entité consolidante et les intérêts des autres actionnaires ou associés dits « intérêts minoritaires ».
- Dans le cadre de l'intégration proportionnelle, il y a lieu d'éliminer des comptes consolidés la valeur des titres de participation de la co-entreprise comptabilisés dans les comptes individuels et d'intégrer dans les comptes de l'entité consolidante la fraction représentative de ses intérêts dans les comptes de l'entreprise consolidée. Aucun intérêt minoritaire n'est constaté.

1 Intégration globale

Ce traitement concerne (selon le vocabulaire de l'IASB) la consolidation proprement dite. Il ne s'intéresse qu'aux comptes de bilan. Il s'agit de séparer en particulier les droits sur une filiale revenant au groupe de ceux revenant aux intérêts minoritaires. Cette opération ne change rien à la manière dont le résultat de l'ensemble consolidé a été obtenu (il s'agit, en fait, d'une simple ventilation).

Exemple

Supposons que la société Alpha ait acquis en N–2 pour 800 000 € 70 % du capital de la société Bêta. Aucun écart d'évaluation et d'acquisition (écarts de première consolidation) n'a été dégagé au moment de la prise de contrôle.
L'actif net de la société Bêta au 31 décembre N, date de présentation des comptes consolidés est de 1 600 000 € et s'analyse ainsi :

- Capital : 1 000 000
- Réserves : 400 000
- Résultat : 200 000

Le partage de cet actif net entre le groupe (Alpha) et les intérêts minoritaires peut s'analyser dans le tableau suivant :

Postes	Total	Groupe Alpha (70 %)	Minoritaires (30 %)
Capital	1 000 000	700 000	300 000
Réserves	400 000	280 000	120 000
Résultat	200 000	140 000	60 000
	1 600 000	1 120 000	480 000

On passera l'écriture suivante :

	Débit	Crédit
Capital Bêta	1 000 000	
Réserves Bêta	400 000	
Résultat Bêta	200 000	
Titres de participation (Bêta)		800 000
Réserves Alpha *700 000 + 280 000 – 800 000*		180 000
Résultat Alpha		140 000
Intérêts minoritaires sur capital et réserves *300 000 + 120 000*		420 000
Intérêts minoritaires sur résultat		60 000
Intégration Bêta		

2 Intégration proportionnelle

Ce retraitement, seulement pratiqué en normes françaises pour les entités sous contrôle conjoint ou coentreprises (en IFRS est pratiquée la mise en équivalence) s'effectue comme dans le cas d'une société intégrée globalement. Cependant, les intérêts minoritaires n'apparaissent pas puisque seule la quote-part des actifs et des passifs de la société intégrée revenant au groupe est comprise dans le total du bilan cumulé.

Exemple

Supposons que la société Alpha qui possède 50 % du capital de la société Gamma partage le contrôle (à parité de droits de vote) de cette société avec la société Oméga (qui possède également 50 % de la société Gamma). Les titres ont été acquis au moment de la constitution de la société.

L'actif net de la société Gamma au 31 décembre N, date de présentation des comptes consolidés est de est de 800 000 € et s'analyse ainsi :

- Capital : 500 000
- Réserves : 200 000
- Résultat : 100 000

Au moment de la sommation, 50 % des valeurs du capital, des réserves et des résultats de la société Gamma sont compris dans le bilan cumulé.

Postes	Total	Groupe Alpha (50 %)	Minoritaires (50 %)
Capital	500 000	250 000	250 000
Réserves	200 000	100 000	100 000
Résultat	100 000	50 000	50 000
	800 000	400 000	400 000

On passera l'écriture suivante :

	Débit	Crédit
Capital Gamma	250 000	
Réserves Gamma	100 000	
Résultat Gamma	50 000	
Titres de participation (Gamma)		250 000
Réserves Alpha *250 000 + 100 000 – 250 000*		100 000
Résultat Alpha		50 000
Intégration Gamma		

3 Consolidation faisant intervenir un écart d'évaluation et un écart d'acquisition

Lorsque la consolidation (globale ou proportionnelle) fait intervenir un écart d'évaluation et un écart d'acquisition lors de la prise de participation, ces écarts doivent préalablement être retraités conformément aux méthodes exposées fiches 19 et 21 (voir aussi l'application ci-dessous).

4 Consolidation directe et consolidation par paliers

La consolidation est effectuée à partir des comptes individuels des entreprises comprises dans le périmètre de consolidation, après avoir effectué les retraitements préalables. Elle est réalisée soit directement par l'entreprise consolidante, soit par paliers, c'est-à-dire en consolidant successivement des sous-ensembles consolidés dans des ensembles plus grands. Les capitaux propres consolidés, les écarts d'acquisition et d'évaluation, les intérêts minoritaires et le résultat déterminés dans le cadre d'une consolidation directe doivent être les mêmes que ceux qui seraient obtenus si la consolidation était réalisée par paliers.

L'analyse des deux méthodes de consolidation est présentée dans la fiche 13 § 4.

5 Organisation pratique de la consolidation

Les travaux de consolidation sont habituellement répartis entre les services comptables des filiales et le service de consolidation de la société mère.

La participation des services comptables des filiales consiste essentiellement en l'établissement d'un document appelé communément « liasse de consolidation », établi à partir des comptes sociaux, selon des modalités définies par le service de consolidation de la société mère.

Le service de consolidation de la société mère se charge généralement :

- d'assurer le lien avec les services comptables des filiales ;
- de préparer la consolidation (détermination du périmètre de consolidation, envoi de documents aux filiales) ;
- d'effectuer des travaux de préconsolidation (retraitements, conversions monétaires, contrôle des liasses de consolidation) ;
- d'effectuer les travaux de consolidation.

Application

Vous êtes appelé(e) à présenter les comptes consolidés (normes françaises) du groupe Anselme.

La société Anselme a pris en janvier N–2 une participation de 60 % du capital et des droits de vote dans la société Bernardin pour 800 000 € et une participation de 50 % (à parité avec la société Rodolphe qui en partage le contrôle) dans la société Casimir pour 400 000 €.

Les écritures de cumuls, de pré-consolidation et d'élimination des comptes réciproques ont été comptabilisées.

Les valeurs (corrigées conformément aux méthodes de consolidation) de capitaux propres des sociétés Bernardin et Casimir vous sont fournies ci-dessous.

Postes	Situation 1.01.N–2		Situation 31.12.N	
	Société Bernardin	Société Casimir	Société Bernardin	Société Casimir
Capital	500 000	300 000	500 000	300 000
Réserves	400 000	200 000	560 000	280 000
Résultat			80 000	50 000

Les écarts d'évaluation constatés au 1er janvier N–2 ont été les suivants :

Éléments	Société Bernardin	Société Casimir
Terrains	90 000	120 000
Constructions (amortissements en 20 ans)	150 000	180 000

On constatera un amortissement de 10 % sur les écarts d'acquisition.

Présenter au 31 décembre N dans le journal d'Anselme les écritures de consolidation du groupe (y compris celles de traitement des écarts d'évaluation et d'acquisition).

Corrigé

La société Bernardin sera intégrée globalement (60 % de droits de vote appartenant à Anselme) et la société Casimir sera intégrée proportionnellement (contrôle conjoint avec Rodolphe). On passera les écritures suivantes :

Pour l'établissement du bilan

Terrains	90 000	
Constructions	150 000	
Réserves Bernardin		160 000
Impôts différés *(90 000 + 150 000) × 33 1/3 %*		80 000
Écart d'évaluation Bernardin		
Terrains *120 000 × 50 %*	60 000	
Constructions *180 000 × 50 %*	90 000	
Réserves Casimir		100 000
Impôts différés *(60 000 + 90 000) × 33 1/3 %*		50 000
Écart d'évaluation Casimir (à 50 %)		
Écart d'acquisition	164 000	
Titres de participation (Bernardin)		164 000
Écart d'acquisition Bernardin 800 000 – (500 000 + 400 000 + 160 000) × 60 %		
Écart d'acquisition	50 000	
Titres de participation (Casimir)		50 000
Écart d'acquisition Casimir 400 000 – [(300 000 + 200 000) × 50 % + 100 000]		
Résultat Bernardin *150 000 × 1/20 × 66 2/3 %*	5 000	
Réserves Bernardin *150 000 × 2/20 × 66 2/3 %*	10 000	
Impôts différés *150 000 × 3/20 × 33 1/3 %*	7 500	
Constructions *150 000 × 3/20*		22 500
Amortissement écart d'évaluation Bernardin		
Résultat Casimir *90 000 × 1/20 × 66 2/3 %*	3 000	
Réserves Casimir *90 000 × 2/20 × 66 2/3 %*	6 000	
Impôts différés *90 000 × 3/20 × 33 1/3 %*	4 500	
Constructions *90 000 × 3/20*		13 500
Amortissement écart d'évaluation Casimir		
Résultat Anselme (164 000 + 50 000) × 1/10	21 400	
Réserves Anselme (164 000 + 50 000) × 2/10	42 800	
Ecart d'acquisition (164 000 + 50 000) × 3/10		64 200
Amortissement écart d'acquisition Bernardin et Casimir		
Capital Bernardin	500 000	
Réserves Bernardin *560 000 + 160 000 – 10 000*	710 000	
Résultat Bernardin *80 000 – 5 000*	75 000	
Titres de participation (Bernardin) *800 000 – 164 000*		636 000
Réserves Anselme *(500 000 + 710 000) × 60 % – 636 000*		90 000
Résultat Anselme *75 000 × 60 %*		45 000
Intérêts minoritaires sur capital et réserves *(500 000 + 710 000) × 40 %*		484 000
Intérêts minoritaires sur résultat *75 000 × 40 %*		30 000
Intégration Bernardin		

	Débit	Crédit
Capital Casimir *300 000 × 50 %*	150 000	
Réserves Casimir *280 000 x 50 % + 100 000 – 6 000*	234 000	
Résultat Casimir *50 000 × 50 % – 3 000*	22 000	
Titres de participation (Casimir) *400 000 – 50 000*		350 000
Réserves Anselme *150 000 + 234 000 – 350 000*		34 000
Résultat Anselme		22 000
Intégration Casimir		

Pour l'établissement du compte de résultat

	Débit	Crédit
Dotations aux amortissements *150 000 × 1/20*	7 500	
Impôts sur les bénéfices		2 500
Résultat		5 000
Amortissement écart d'évaluation Bernardin		
Dotations aux amortissements *90 000 × 1/20*	4 500	
Impôts sur les bénéfices		1 500
Résultat		3 000
Amortissement écart d'évaluation Casimir		
Dotations aux amortissements des écarts d'acquisition	21 400	
Résultat		21 400
Amortissement écart d'acquisition Bernardin et Casimir		

Changements de périmètre de consolidation 23

PRINCIPES CLÉS

- Un certain nombre d'opérations peuvent avoir pour conséquence de faire varier le pourcentage d'intérêt de la société mère sur une ou plusieurs de ses filiales et le périmètre de consolidation. Ces opérations sont notamment l'acquisition de titres, les opérations d'augmentation de capital, les cessions externes de titres acquis, les cessions internes au groupe, les fusions internes au groupe, l'absorption d'une société du groupe par une société extérieure et l'absorption d'une société externe au groupe par une société du groupe.
- Ces opérations sont enregistrées dans les comptes sociaux sans tenir compte des spécificités propres aux comptes consolidés. Lors de la consolidation, il y a lieu d'analyser ces opérations et de passer éventuellement certains enregistrements spécifiques.

1 Acquisition de titres

L'acquisition de titres complémentaires à des tiers extérieurs au groupe modifie le pourcentage d'intérêt. Il peut aussi modifier le pourcentage de contrôle de la société mère sur l'entreprise acquise.

Trois cas peuvent être envisagés :

- l'acquisition de titres d'une filiale (société intégrée globalement) ;
- l'acquisition de titres d'une entité contrôlée conjointement (l'acquisition entraîne un changement de contrôle et l'entité contrôlée devient une entité contrôlée globalement) ;
- l'acquisition de titres d'une société associée (l'acquisition entraîne également un changement de contrôle et la société contrôlée devient une filiale de la société mère).

a. Acquisition de titres d'une filiale

En normes IFRS, lorsqu'une entité qui détient le contrôle d'une autre entité, acquiert des titres de ladite société, les écarts d'évaluation et d'acquisition nouvellement calculés ne sont pas pris en compte dans l'opération (sauf dépréciation). En effet, l'évaluation à la juste valeur de la société acquise doit être fait (selon IFRS 3 § 18) à la date d'acquisition. Or, cette date d'acquisition est la date à laquelle l'acquéreur obtient le contrôle de l'entité acquise.
Si la consolidation est effectuée selon le règlement 99-02 du CRC, les acquisitions complémentaires ne remettent pas en cause l'évaluation des actifs et passifs identifiés à la date de prise de contrôle (règlement 99-02 § 230). Les écarts d'évaluation sont cependant diminués des amortissements constatés pratiqués depuis la prise de contrôle. L'écart constaté est donc affecté en totalité en écarts d'acquisition et aucun retraitement postérieur n'est nécessaire.

b. Acquisition de titres d'une entité contrôlée conjointement

Le traitement est identique à celui du traitement de l'acquisition de titres d'une filiale.

c. Acquisition de titres d'une société associée

Dans le cadre de l'acquisition de titres d'une société associée, c'est au moment où la société acquéreuse prend le contrôle de ladite société que la juste valeur doit être constatée. Ainsi, le § 42 d'IFRS 3 précise que, dans un regroupement d'entreprises réalisé par étapes (par exemple, prise de participation de 35 % suivie d'une acquisition additionnelle de 40 %), l'acquéreur doit réévaluer la participation qu'il détenait précédemment dans l'entreprise acquise à la juste valeur à la date d'acquisition et comptabiliser l'éventuel profit ou perte en résultat.

2 Augmentation de capital

Ne peuvent participer à une augmentation de capital que les titulaires de droits préférentiels de souscription. Si une société qui assume le contrôle d'une autre société, veut augmenter son taux de participation dans le capital de cette autre société, elle doit acquérir des droits de souscription. Si, au contraire, elle accepte de diminuer son taux de participation dans le capital de cette autre société, elle pourra vendre des droits de souscription. Si le prix d'acquisition des droits de souscription était différent de la valeur théorique, il serait nécessaire d'effectuer une régularisation.

3 Cessions externes de titres acquis

Lors de la cession de titres de sociétés faisant partie d'un groupe, il sera impératif de différencier, dans le résultat de cession, en effectuant les retraitements nécessaires, le résultat d'opérations antérieures de consolidation et le résultat proprement dit de la cession. Il y a lieu de distinguer la cession totale et la cession partielle.

a. Cession totale

- La sortie du périmètre de consolidation de l'entreprise cédée s'effectue à la date du transfert de contrôle à l'entreprise acquéreuse. Le compte de résultat consolidé retrace les produits réalisés et les charges supportées par l'entreprise cédée jusqu'à la date de transfert du contrôle.
- Le résultat de cession est constaté lorsqu'il est réalisé, c'est-à-dire à la date où l'entreprise consolidante a transféré le contrôle de l'entreprise précédemment contrôlée. Une moins-value doit cependant faire l'objet d'une provision, dès qu'elle est probable. La plus ou moins-value de cession se calcule à partir de la dernière valeur en consolidation de l'entreprise comprenant le résultat jusqu'à la date de cession, l'écart d'acquisition résiduel non amorti et, le cas échéant, l'écart de conversion inscrit dans les capitaux propres, part du groupe.
- Dans le cas de la cession d'une branche d'activité, même s'il n'y a pas eu cession de titres, les mêmes principes généraux s'appliquent. La valeur en consolidation retenue pour le calcul du résultat de cession tient compte des actifs et passifs identifiables et de la quote-part de l'écart d'acquisition qui a été affectée à cette branche d'activité lors de son acquisition.

b. Cession partielle

- Dans le cas d'une cession partielle de titres d'une entreprise restant consolidée par intégration globale, l'ensemble des éléments concourant à la détermination de la plus ou moins-value (y compris une quote-part de l'écart d'acquisition et de l'écart de conversion) est pris en compte au prorata de la cession réalisée pour déterminer le résultat de cession.
- Dans le cas d'une entreprise restant consolidée mais par mise en équivalence, la prise en compte du résultat de cession s'effectue de la même manière qu'en cas d'une cession partielle d'entreprise restant consolidée par intégration globale et les actifs et passifs cessent d'être intégrés aux dates et selon les modalités définies dans le cas d'une cession globale.
- Dans le cas de la déconsolidation de l'entreprise, la prise en compte du résultat de cession et les modalités d'intégration des actifs et passifs sont semblables à celles présentées dans le cas d'une entreprise restant consolidée mais par mise en équivalence. La valeur comptable de la participation conservée, y compris l'écart d'acquisition résiduel à cette date, est dès lors considérée comme son coût d'entrée.

4 Cessions de titres internes au groupe

Les cessions internes au groupe de participations doivent être neutralisées au niveau de la consolidation (comme sont neutralisées les cessions de stocks ou les cessions d'immobilisations).

5 Fusions internes au groupe

a. Fusions comptabilisées conformément au Plan comptable général

Si les sociétés concernées par la fusion sont sous contrôle commun (ce qui est le cas dans le cadre de fusions internes), les apports seront comptabilisés à la valeur comptable.

Il faut neutraliser tous les effets de la fusion qui ne doit pas changer les réserves consolidées ni les intérêts minoritaires.

b. Fusions comptabilisées conformément aux normes IFRS

La comptabilité des fusions est régie dans les normes comptables internationales par la norme IFRS 3 « Regroupement d'entreprises ». Les regroupements d'entreprises couvrent, pour l'IASB, non seulement les prises de contrôle d'une entité par une autre (qui conduisent l'entité prenant le contrôle à présenter des comptes consolidés) mais également l'apport d'une entité à une autre entité (fusion, apport partiel d'actif).

c. Incidence d'une fusion établie en normes IFRS sur une consolidation établie en normes IFRS

Il n'y a pas théoriquement d'incidence d'une fusion établie en norme IFRS sur une consolidation établie selon les mêmes normes (à l'exception d'une répartition différente des intérêts majoritaires et des intérêts minoritaires). En conséquence, aucune écriture de retraitement (à l'exception d'une éventuelle correction de la part des minoritaires) n'est nécessaire.

6 Absorption d'une société du groupe par une société hors groupe

Dans ce cas, la société mère va recevoir des titres hors groupe en échange des titres de la société absorbée, le pourcentage de la société mère dans la société hors groupe va être différent de ce qu'il était avant l'opération et un écart d'intérêt va apparaître.

Exemple

La société Bêta, détenue à 80 % par la société Alpha, est absorbée par une société extérieure Oméga. Les apports seront comptabilisés aux valeurs réelles (puisque, dans le cas proposé, préalablement à la fusion, les sociétés Bêta et Oméga sont sous contrôle distinct). Les titres Bêta ont été acquis par Alpha pour 800 000 €. La capital de Bêta est de 1 000 000 €, les réserves de 400 000 €. La valeur réelle de la société Bêta est de 1 450 000 €. Le capital d'Oméga de 600 000 €, les réserves de 150 000 €.

La parité retenue est de une action Bêta (nominal 100 €) pour une action Oméga (nominal 100 €).

La société Oméga va donc créer 10 000 actions nouvelles qu'elle va remettre aux actionnaires de Bêta (dont 8 000 pour Alpha). Le pourcentage de contrôle de Alpha sur Oméga qui était de 0 % avant la fusion est passé à 8 000 / 10 000 + 6 000 = 50 %.
La société Oméga sera consolidée par intégration globale.
Avant la fusion, les réserves de la filiale consolidée étaient de 400 000 × 80 % = 320 000 € ; après la fusion, la prime de fusion étant de 1 450 000 – 1 000 000 = 450 000 €, elles sont de (150 000 + 450 000) × 50 % = 300 000 €.
On a donc constaté un écart sur la part d'intérêt de 20 000 € qu'on comptabilisera en résultat afin de neutraliser l'opération de fusion sur les capitaux propres consolidés du groupe (il est à noter que les intérêts minoritaires sont passés de 1 400 000 × 20 % = 280 000 à (600 000 + 200 000 + 1 000 000 + 400 000) × 50 % = 1 100 000).

7 Absorption d'une société hors groupe par une société du groupe

Dans ce cas, la filiale va augmenter son capital pour remettre les titres correspondants aux actionnaires de la société hors groupe et un écart d'intérêt va apparaître.

Exemple

La société Bêta, détenue à 80 % par la société Alpha, absorbe une société extérieure Oméga. Les apports seront comptabilisés aux valeurs réelles (puisque, dans le cas proposé, avant la fusion, la société Oméga n'était pas sous le contrôle d'Alpha). Les titres Bêta ont été acquis par Alpha pour 800 000 €. Le capital de Bêta est de 1 000 000 €, les réserves de 400 000 €. Le capital d'Oméga de 600 000 €, les réserves de 150 000 €. La valeur réelle de la société Oméga est de 900 000 €. La parité retenue est d'une action Bêta (nominal 100 €) pour une action Oméga (nominal 100 €)
La société Bêta va donc créer 6 000 actions nouvelles qu'elle va remettre aux actionnaires d'Oméga.
Le pourcentage de contrôle de Alpha sur Bêta qui était de 80 % avant la fusion va passer à 8 000 / 10 000 + 6 000 = 50 %.
La société Bêta sera toujours consolidée par intégration globale.
Avant la fusion, les réserves de la filiale consolidée étaient de 400 000 × 80 % = 320 000 €, après la fusion, la prime de fusion étant de 300 000 elles sont de (400 000 + 300 000) × 50 % = 350 000 €.
On a donc constaté un écart sur la part d'intérêt de 30 000 € qu'on comptabilisera en résultat. Il est à noter que les intérêts minoritaires sont passés de 1 400 000 × 20 % = 280 000 à (600 000 + 300 000 + 1 000 000 + 400 000) × 50 % = 1 150 000.

8 Échange de participations minoritaires

Conformément au principe général, les échanges de participations minoritaires se comptabilisent dans tous les cas à la valeur la plus sûre des deux lots échangés et conduisent à la détermination d'une plus ou moins-value par rapport à leur valeur comptable consolidée.

9 Informations à porter dans l'annexe de l'exercice où intervient la modification du pourcentage de détention des titres

Les informations à porter en annexe doivent notamment permettre la comparaison d'un exercice à l'autre des bilans et des comptes de résultat en cas de modifications du pourcentage de détention des titres des entreprises à consolider, ou précédemment consolidées par intégration globale, ou de cession de branche d'activité.

Application

La société Antoine possède des participations dans les sociétés Barnabé, Cyrille, David.
Au cours de l'exercice N, les opérations suivantes ont été effectuées :
a) La société mère Antoine a acquis les titres suivants de la société Barnabé :
- le premier lot a été acquis au début de l'exercice N–2 : 60 % pour 1 200 000 €. Les capitaux propres de Barnabé étaient alors de 1 600 000 €, des terrains avaient été réestimés de 150 000 € et des constructions amortissables en 20 ans de 360 000 € ;
- le second lot (20 % pour 500 000 €) a été acquis au milieu de l'exercice N alors que les capitaux propres étaient de 1 900 000 € (dont 100 000 de résultat de l'exercice), la valeur des terrains réestimés de 180 000 €, les constructions de 420 000 €.

b) La société Antoine a fait l'acquisition au début de N–2 de 20 % du capital de la société Cyrille pour 200 000 € puis au milieu de l'année N, de 50 % du capital de Cyrille pour 625 000 €.
Les capitaux propres de Cyrille étaient au début de N–2 de 800 000 €, des terrains avaient été réestimés de 75 000 € et des constructions amortissables en 20 ans de 180 000 €.
Au milieu de l'année N, les capitaux propres de Cyrille étaient de 950 000 € (dont 50 000 de résultat de l'exercice), la valeur des terrains réestimés de 90 000 €, les constructions de 210 000 €.

c) La société Antoine avait pris en N–3 une participation de 60 % du capital, soit 30 000 actions de nominal à 30 € dans la société David, société au capital de 1 500 000 € (50 000 actions de 30 €). La valeur des titres acquis était alors de 1 200 000 €. Le 1er janvier N, la société David a augmenté son capital par l'émission de 25 000 actions de nominal 30 € émises à 42 €. Au 31 décembre N, à partir des données des comptes consolidés, la valeur de la participation d'Antoine dans David est estimée à 1 440 000 € soit 48 € par action (ce qui correspond à une situation nette consolidée : capitaux propres revenant à la société mère + intérêts minoritaires de 50 000 × 48 = 2 400 000 €).
La société Odette décide de souscrire 18 000 actions nouvelles portant ainsi sa participation à $\frac{30\,000 + 18\,000}{50\,000 + 25\,000} = 64\ \%$.
Pour cela, elle utilise ses 30 000 droits de souscription et acquiert 6 000 droits (2 droits pour une action nouvelle) supplémentaires auprès des actionnaires minoritaires de Cyrille.
Ces droits sont négociés à leur valeur théorique, soit $\frac{48 \times 50\,000 + 42 \times 25\,000}{50\,000 + 25\,000} = 2$ €.

Analyser ces opérations et passer les écritures de consolidation nécessaires.

Corrigé

Opération *a*

Au moment de l'acquisition du premier lot, la valeur de la société Barnabé, le goodwill s'élève à 1 200 000 – [1 600 000 + (150 000 + 360 000) × 66 2/3 %] × 60 % = 36 000 €.

Au moment de l'acquisition du second lot, comme les plus-values sur éléments identifiables sont supérieures aux écarts d'évaluation constatés lors de la première acquisition et amortis en partie depuis (dans le cas inverse, il aurait fallu constater une dépréciation), le goodwill doit être non pas calculé à partir des données de la seconde acquisition (dans ce cas, il aurait été de : 500 000 – [1 900 000 + (180 000 + 420 000) × 66 2/3 %] × 20 % = 40 000 €), mais à partir des données de la première acquisition celle de la prise de contrôle.

Si on avait gardé en N les écarts d'évaluation constatés lors de l'acquisition du premier lot, on aurait la valeur de la société Barnabé suivante :

• Capitaux propres :	1 900 000
• Écarts d'évaluation (amortis) : (150 000 + 360 000 – 360 000 × 2,5/20) × 66 2/3 % =	310 000
	2 210 000

Le goodwill constaté lors de la seconde acquisition sera donc de : 500 000 – 2 210 000 × 20 % = 58 000 € (au lieu de 40 000).

On passera l'écriture suivante (pour le bilan) pour enregistrer cette différence :

Titres de participation	18 000	
Réserves Antoine *18 000 × 66 2/3 %*		12 000
Dette d'impôt différé		6 000
Retraitement valeur d'acquisition deuxième lot de titres		

Opération *b*

Dans le cadre des normes IFRS, juste avant l'acquisition du second lot, la société Cyrille est mise en équivalence et pour l'établissement d'un bilan consolidé (ce serait un bilan intermédiaire) au 30 juin N, on aurait une évaluation des titres suivante :

• Prix d'acquisition des titres :	200 000
• Quote-part de l'évolution des capitaux propres du 1er janvier N–2 au 30 juin N : (950 000 – 800 000) × 20 % =	30 000
• Quote-part des amortissements de l'évaluation sur construction : 180 000 × 2,5 /20 × 66 2/3 % × 20 % =	– 3 000
	227 000

La juste valeur de la société Cyrille étant déterminée au 1er juillet N, on passerait (si l'on établissait les comptes consolidés du groupe à cette date), les écritures suivantes (pour le bilan) :

Terrains	90 000	
Constructions	210 000	
Réserves Cyrille *(90 000 + 210 000) × 66 2/3 %*		200 000
Créances d'impôt différé (90 000 + 210 000) × 33 1/3 %		100 000
Écart d'évaluation		
Goodwill	70 000	
Titres de participation Cyrille		70 000
Écart d'acquisition 625 000 × 70 % / 50 % – [950 000 + (90 000 + 210 000) × 66 2/3 %] × 70 %		

Titres de participation Cyrille *625 000 × 20 % / 50 %*	250 000	
Titres mis en équivalence Cyrille		227 000
Réserves Antoine *23 000 × 66 2/3 %*		15 333
Dettes d'impôt différé		7 667
Réajustement valeur premier lot de titres		
Capitaux propres Cyrille *950 000 + 200 000*	1150 000	
Titres de participation Cyrille *625 000 + 250 000 – 70 000*		805 000
Intérêts minoritaires 1 *150 000 × 30 %*		345 000
Intégration Fidèle		

Si on avait utilisé les normes françaises juste avant l'acquisition du second lot, la société Cyrille serait mise en équivalence et, pour l'établissement d'un bilan consolidé (ce serait un bilan intermédiaire) au 30 juin N, on aurait l'évaluation des titres suivante :

- Prix d'acquisition des titres : 200 000
- Écart d'acquisition déduit (inscrit dans un compte spécifique) :
  200 000 – [800 000 + (75 000 + 180 000) × 66 2/3 %] × 20 % – 6 000
- Quote-part de l'évolution des capitaux propres du 1er janvier N–2 au 30 juin N :
  (950 000 – 800 000) × 20 % = 30 000
- Quote-part des amortissements de l'évaluation sur construction :
  180 000 × 2,5 /20 × 66 2/3 % × 20 % = – 3 000

Total : 221 000

La juste valeur de la société Cyrille étant déterminée au 1er juillet N, on passerait (si l'on établissait les comptes consolidés du groupe à cette date) les écritures suivantes (pour le bilan) :

Terrains	90 000	
Constructions	210 000	
Réserves Cyrille *(90 000 + 210 000) × 66 2/3 %*		200 000
Créances d'impôt différé *(90 000 + 210 000) × 33 1/3 %*		100 000
Écart d'évaluation		
Goodwill	50 000	
Titres de participation Cyrille		50 000
Écart d'acquisition : 625 000 – [950 000 + (90 000 + 210 000) × 66 2/3 %] × 50 %		
Capitaux propres Cyrille *950 000 + 200 000*	1 150 000	
Titres de participation Cyrille *625 000 – 50 000 + 221 000 (titres mis en équivalence)*		796 000
Réserves Antoine *1 150 000 × 70 % – 796 000*		9 000
Intérêts minoritaires *1 150 000 × 30 %*		345 000
Intégration Cyrille		

Remarque : La somme de 9 000 € inscrite en réserves porte sur le retraitement qui a été effectué sur les titres mis en équivalence : 6 000 + 3 000.

Opération *c*

La situation nette consolidée de la société David (capitaux propres revenant à la société mère + intérêts minoritaires) était avant l'augmentation de capital de 50 000 × 48 = 2 400 000 € et l'on avait comptabilisé l'écriture de répartition suivante (comptes de capitaux propres non analysé) :

Capitaux propres David	2 400 000	
Titres de participation		1 200 000
Capitaux propres Antoine *2 400 000 × 60 % – 1 200 000*		240 000
Intérêts minoritaires *2 400 000 × 40 %*		960 000
Intégration David		

La situation nette consolidée de la filiale David sera, après l'augmentation de capital :

- Situation avant : 2 400 000
- Augmentation de capital : 25 000 × 42 = 1 050 000

3 450 000

Les titres de participation David de la société Antoine (dans les comptes sociaux de la société Antoine) sont évaluées au niveau suivant :
1 200 000 + 42 × 18 000 + 2 × 6 000 = 1 968 000 €.
On passerait alors l'écriture suivante :

Capitaux propres David	3 450 000	
Titres de participation		1 968 000
Capitaux propres Antoine *3 450 000 × 64 % – 1 968 000*		240 000
Intérêts minoritaires *3 450 000 × 36 %*		1 242 000
Intégration David		

On peut ainsi constater que les capitaux propres revenant à Antoine n'ont pas évolué (ce qui se comprend car il n'y a pas eu de bénéfices nouveaux engendrés par la seule augmentation de capital). Par contre, les droits des intérêts minoritaires sont passés de 960 000 à 1 242 000 soit une augmentation de 282 000 € égale à la différence entre le prix d'émission des titres souscrit par les minoritaires 7 000 × 42 = 294 000 € et le prix de cession des droits préférentiels de souscription 6 000 × 2 = 12 000.

Remarque : Si le prix d'acquisition des droits de souscription était différent de la valeur théorique (soit de 2 €), il serait nécessaire d'effectuer une régularisation pour retrouver l'équilibre ci-dessus présenté.

24 Documents de synthèse des groupes en normes françaises

1. Le bilan
2. Le compte de résultat
3. L'annexe

PRINCIPES CLÉS

- Selon le règlement 99-02 du Comité de la réglementation comptable (section IV), les documents de synthèse consolidés comprennent obligatoirement le bilan, le compte de résultat et une annexe qui forment un tout indissociable et doivent être présentés sous une forme comparative avec l'exercice précédent.
- Les modèles de tableaux présentés dans le règlement sont indicatifs ; en revanche la liste des informations devant figurer dans les différents documents de synthèse sont des informations minimales obligatoires pour autant qu'elles soient significatives.
- D'autres agrégats, autres que ceux présentés dans les modèles de tableaux du règlement, peuvent être retenus par les groupes à condition d'en donner une définition précise dans l'annexe.

1 Le bilan

Le bilan consolidé est présenté sous forme de tableau (ou éventuellement sous forme de liste pour les entreprises qui le faisaient précédemment). Il est établi avant répartition (ou éventuellement avant et après répartition).

Modèle de bilan (règlement 99-02)

ACTIF	N	N–1	PASSIF	N	N–1
Actif immobilisé			**Capitaux propres**		
Écarts d'acquisition			**(Part du groupe)**		
Immobilisations incorporelles			Capital (1)		
Immobilisations corporelles			Primes (1)		
Immobilisations financières			Réserves et résultat consolidés (2)		
Titres mis en équivalence			Autres (3)		
Actif circulant			**Intérêts minoritaires**		
Stocks et en cours			**Provisions**		
Clients et comptes rattachés			**Dettes**		
Autres créances			Emprunts et dettes financières		
et comptes de régularisation			Fournisseurs et comptes rattachés		
Valeurs mobilières de placement			Autres dettes		
Disponibilités			et comptes de régularisation		
Total de l'actif			Total du passif		

(1) De l'entreprise mère consolidante.
(2) Dont résultat net de l'exercice.
(3) À détailler dans le tableau de variation des capitaux propres consolidés (Part du groupe).

2 Le compte de résultat

Le compte de résultat consolidé est présenté sous forme de liste (ou éventuellement de tableau) selon un classement des produits et des charges soit par nature, soit par destination.
Dans tous les cas, il convient de retenir une forme synthétique comportant les lignes spécifiques liées à la consolidation.

Modèle de compte de résultat (classement des charges et produits par nature) (règlement 99-02)

	N	N–1
Chiffre d'affaires		
Autres produits d'exploitation		
Achats consommés		
Charges de personnel (1)		
Autres charges d'exploitation		
Impôts et taxes		
Dotations aux amortissements, dépréciations et provisions		
Résultat d'exploitation		
Charges et produits financiers		

•••

•••

	N	N–1
Résultat courant des entreprises intégrées Charges et produits exceptionnels Impôts sur les résultats		
Résultat net des entreprises intégrées		
Quote-part dans les résultats des entreprises mises en équivalence Dotations aux amortissements des écarts d'acquisition		
Résultat net de l'ensemble consolidé		
Intérêts minoritaires		
Résultat net (Part du groupe)		
Résultat par action Résultat dilué par action		

(1) Y compris participation des salariés.

Modèle de compte de résultat (classement des charges et produits par destination) (règlement 99-02)

	N	N–1
Chiffre d'affaires Coût des ventes Charges commerciales Charges administratives Autres charges et produits d'exploitation		
Résultat d'exploitation		
Charges et produits financiers		
Résultat courant des entreprises intégrées		
Charges et produits exceptionnels Impôts sur les résultats		
Résultat net des entreprises intégrées		
Quote-part dans les résultats des entreprises mises en équivalence Dotations aux amortissements des écarts d'acquisition		
Résultat net de l'ensemble consolidé		
Intérêts minoritaires		
Résultat net (part du groupe)		
Résultat par action Résultat dilué par action		

3 L'annexe

L'annexe doit comporter toute information de caractère significatif permettant aux utilisateurs des comptes consolidés de porter une appréciation sur le patrimoine, la situation financière et le résultat de l'ensemble constitué par les entreprises comprises dans la consolidation. L'information porte au minimum sur l'exercice écoulé et sur le précédent.

La liste des informations recensées dans le règlement, dont l'ordre est indicatif, ne doit en aucun cas être considérée comme limitative. En revanche, celles qui ne présentent pas un caractère significatif ne sont pas à fournir.
On trouve dans le règlement 99-02 les rubriques suivantes :

a. Référentiel comptable, modalités de consolidation, méthodes et règles d'évaluation

- Référentiel comptable : référence aux règles françaises, et le cas échéant, aux règles internationales ou à des règles internationalement reconnues.
- Modalités de consolidation : méthodes de consolidation, détermination de l'écart d'acquisition, justification en cas d'écart d'acquisition négatif, détermination de la valeur d'entrée des actifs et passifs, modalités de détermination de la durée d'utilisation, limitée ou non, des écarts d'acquisition positifs, modalités de mise en œuvre du test de dépréciation ; modalités de reprise des écarts d'acquisition négatifs, information sur les méthodes de conversion utilisées pour la consolidation des filiales étrangères, etc.
- Méthodes et règles d'évaluation applicables aux frais de recherche et développement, aux immobilisations corporelles ou incorporelles, aux subventions d'investissement, aux stocks et travaux en cours, aux créances et dettes en monnaies étrangères, à la prise en compte des produits et opérations partiellement exécutées à la clôture de l'exercice, aux contrats de location financement, à la comptabilisation des instruments financiers, aux provisions pour pertes et charges, aux engagements de retraite et prestations assimilées, aux impôts différés, etc.
- Non-application des méthodes préférentielles : si les méthodes préférentielles ne sont pas appliquées, indication de l'impact sur le bilan et le compte de résultat de cette non-application.

b. Informations relatives au périmètre de consolidation

- Indication des critères retenus par le groupe pour définir son périmètre de consolidation.
- Identification des entreprises consolidées, ainsi que de la fraction de leur capital détenue directement et indirectement, et leur mode de consolidation.
- Justification, pour certaines entreprises contrôlées, de l'utilisation de la méthode de mise en équivalence.
- Indication des motifs qui justifient la non-consolidation de certaines entreprises.

c. Informations à porter en annexe lors d'une première consolidation

- Coût d'acquisition des titres, montant de l'écart d'acquisition positif et modalités de détermination de sa durée d'utilisation, limitée ou non, modalités de mise en œuvre du test de dépréciation annuel pour les écarts d'acquisition de durée d'utilisation non limitée ainsi que montant de l'écart d'acquisition négatif et ses modalités de reprise.

- Incidence des changements significatifs portant sur tout poste des états financiers affecté par cette acquisition.
- Informations relatives au chiffre d'affaires, aux amortissements et dépréciations des écarts d'acquisition et aux frais financiers entraînés par l'acquisition.
- Coût ou prix des acquisitions et cessions effectuées entre la date de clôture de l'exercice et la date d'arrêté des comptes.

d. Comparabilité des comptes

- Justification des changements comptables et de leur incidence sur le résultat consolidé et les capitaux propres.
- Dans le cas de l'acquisition d'une entreprise à consolider par intégration globale ou proportionnelle, indication (de préférence sous forme de comptes pro-forma) à la date de son entrée dans le périmètre de toutes les informations utiles concernant le coût d'acquisition des titres, le montant de l'écart d'acquisition et l'impact de l'acquisition sur tout poste du bilan, du compte de résultat et du tableau des flux de trésorerie présenté au titre de l'exercice.
- Dans le cas de variations ultérieures du périmètre ou des méthodes de consolidation, indication (de préférence sous forme de comptes pro-forma) de toutes les informations utiles concernant l'incidence des changements significatifs portant sur tout poste des états financiers affecté de façon significative par cette modification du pourcentage de détention.

e. Explications des postes du bilan et du compte de résultat et de leurs variations

- Postes d'actifs immobilisés : indication valeurs brutes, amortissements, dépréciations, analyse commentée des principaux soldes et mouvements de l'exercice, montants des biens inscrits dans les immobilisations faisant l'objet d'un contrat de location-financement, titres mis en équivalence, titres de participation non consolidés, etc.
- Autres postes du bilan : pour l'analyse des capitaux propres, on pourra présenter un tableau de variation des capitaux propres (voir la présentation de ce tableau *fiche 25*).
- Postes du compte de résultat.

f. Autres informations

- Informations sectorielles :
  - ventilation du chiffre d'affaires et des immobilisations ou des actifs employés par zone géographique ou monétaire et par secteur d'activité ;
  - ventilation du résultat d'exploitation par zone géographique et/ou par secteur d'activité selon le mode d'organisation choisi par le groupe.

- Événements postérieurs à la clôture : information sur les événements postérieurs à la clôture d'importance significative n'ayant pas donné lieu à un enregistrement au bilan, ni au compte de résultat.
- Dirigeants : montant des rémunérations allouées aux membres des organes d'administration, de direction et de surveillance de l'entreprise consolidante, à raison de leurs fonctions dans des entreprises contrôlées ; engagements en matière de pensions et indemnités assimilées dont bénéficient les membres et les anciens membres des organes susvisés ; avances et crédits accordés aux membres des organes susvisés par l'entreprise consolidante et par les entreprises placées sous son contrôle.

g. Tableau de financement par l'analyse des flux de trésorerie

Le tableau des flux de trésorerie présente, pour l'exercice, les entrées et sorties de disponibilités et de leurs équivalents, classées en activité d'exploitation, d'investissement et de financement.

Les activités d'exploitation sont les principales activités génératrices de revenus et toutes activités autres que celles qui sont définies comme étant des activités d'investissement ou de financement.

Une entreprise doit présenter les flux de trésorerie liés aux activités d'exploitation, en utilisant la méthode directe ou la méthode indirecte.

Les activités d'investissement sont l'acquisition et la cession d'actifs à long terme et de tout autre investissement (sauf ceux réalisés par location financement) qui n'est pas inclus dans les équivalents de liquidités.

Les activités de financement sont les activités qui entraînent des changements quant à l'ampleur et à la composition des capitaux propres et des capitaux empruntés de l'entreprise.

25 Documents de synthèse des groupes en normes IFRS

1. L'état de situation financière (le bilan)
2. L'état du résultat global net et des autres éléments du résultat global
3. L'état des variations de capitaux propres
4. Le tableau de flux de trésorerie
5. Les notes annexes

PRINCIPES CLÉS

Selon la norme IAS 1 « Présentation des états financiers » (§ 10) :

« Un jeu complet d'états financiers comprend :

(a) un état de situation financière à la fin de la période ;

(b) un état du résultat net et des autres éléments du résultat global (statement of profit or loss and comprehensive income en anglais) de la période ;

(c) un état des variations de capitaux propres de la période ;

(d) un tableau (ou état) de flux de trésorerie de la période ;

(e) des notes contenant un résumé des principales méthodes comptables et d'autres informations explicatives ;

(f) un état de situation financière au début de la première période de comparaison lorsque l'entité applique une méthode comptable à titre rétroactif ou effectue un retraitement rétroactif des éléments de ses états financiers, ou lorsqu'elle procède à un reclassement des éléments dans ses états financiers ».

Une entité peut utiliser des titres d'états autres que ceux indiqués dans la norme (bilan au lieu d'état de la situation financière à la fin de la période, état de résultat global au lieu d'état de résultat net et des autres éléments du résultat global, par exemple).

Ce jeu d'états financiers peut s'appliquer aux comptes individuels des entités comme aux comptes consolidés.

Il n'existe pas en normes IFRS de formes normalisées d'état de situation financière (bilan), d'état de résultat net et des autres éléments du résultat global, d'état des variations de capitaux propres et de tableau de flux de trésorerie.
Les normes ne donnent que la liste des informations à présenter dans ces états financiers.

1 L'état de situation financière (le bilan)

Au minimum, l'état de situation financière doit comporter des postes présentant les montants suivants :

- Immobilisations corporelles
- Immeubles de placement
- Immobilisations incorporelles
- Actifs financiers
- Participations comptabilisées selon la méthode de la mise en équivalence
- Actifs biologiques
- Stocks
- Clients et autres débiteurs
- Trésorerie et équivalents de trésorerie
- Total des actifs classés comme détenus en vue de la vente et actifs inclus dans les groupes destinés à être cédés qui sont classés comme détenus en vue de la vente
- Fournisseurs et autres créditeurs
- Provisions
- Passifs financiers
- Passifs et actifs d'impôt exigible
- Passifs et actifs d'impôt différé
- Passifs inclus dans les groupes destinés à être cédés classés comme détenus en vue de la vente
- Participations ne donnant pas le contrôle, présentées au sein des capitaux propres
- Capital émis et réserves attribuables aux porteurs de capitaux propres de la société mère

Modèle de bilan ou état de situation financière (actif)

	N	N–1
Actifs non courants		
Immobilisations corporelles		
Immeubles de placement		
Goodwill		
Autres immobilisations incorporelles		
Actifs non courants biologiques (agriculture)		
Participations dans les entreprises associées et coentreprises (mise en équivalence)		
Titres disponibles à la vente et autres actifs financiers		
Total		
Actifs courants		
Stocks		
Actifs courants biologiques (agriculture)		
Créances clients		
Autres actifs courants		
Trésorerie et équivalents		
Total		
Actifs classés en actifs non courants destinés à être cédés		
Total		

Modèle de bilan ou état de situation financière (capitaux propres et passifs)

	N	N–1
Capitaux propres attribuables aux actionnaires de la société mère		
Capital émis		
Autres réserves		
Bénéfices non distribués		
Montants comptabilisés directement en capitaux propres		
Total		
Capitaux propres attribuables aux participations ne donnant pas le contrôle		
Total capitaux propres		
Passifs non courants		
Emprunts à long terme		
Impôts différés		
Provisions à long terme		
Total		
Passifs courants		
Fournisseurs et autres créditeurs		
Emprunts à court terme		
Partie courante des emprunts à long terme		
Impôts exigibles		
Provisions à court terme		
Total		
Passifs directement associés à des actifs classés en actifs non courants destinés à être cédés		
Total passifs		
Total		

2 L'état du résultat global net et des autres éléments du résultat global

L'entité peut présenter dans un seul état, mais dans deux sections séparées, le résultat net et les autres éléments du résultat global. Ces sections doivent se suivre, la section « résultat net » précédant immédiatement la section « autres éléments du résultat global ».

L'entité peut aussi présenter la section « résultat net » dans un état du résultat net séparé. Dans ce cas, l'état du résultat net doit précéder immédiatement l'état présentant les autres éléments du résultat global, lequel doit commencer par le résultat net.

La section « résultat net » ou l'état du résultat net doit comporter les postes suivants au titre de la période :

- Produits des activités ordinaires
- Charges financières
- Quote-part de résultat dans le résultat des entités associées et des coentreprises comptabilisées selon la méthode de la mise en équivalence
- Charge d'impôt sur le résultat
- Montant unique représentant les activités abandonnées
- Résultat net (profit ou perte)

La section « autres éléments du résultat global » doit présenter les postes représentant les autres éléments du résultat global au titre de la période, classés en fonction de leur nature (différences de change liées aux conversion, gains et pertes portés en capitaux propres relatifs aux titres disponibles à la vente ou dans le cadre d'une couverture de flux de trésorerie, profits sur réévaluations d'immobilisations corporelles et incorporelles, etc.) et répartis entre ceux qui ne seront pas reclassés ultérieurement en résultat net et ceux qui seront reclassés ultérieurement en résultat net lorsque certaines conditions seront remplies.

L'entité doit présenter en plus :

- Résultat net et le résultat global attribuables aux participations ne donnant pas le contrôle (intérêts minoritaires)
- Résultat net et le résultat global attribuables aux porteurs de capitaux propres de la société mère
- Résultat de base par action
- Résultat dilué par action

Modèle d'état du résultat net (charges par nature)

	N	N–1
Activités maintenues		
Produits des activités ordinaires		
Autres produits		
Variations des stocks des produits finis et en cours		
Production immobilisée		
Marchandises et matières consommées		
Frais de personnel		
Amortissements et dépréciations		
Dépréciation des immobilisations corporelles		
Autres charges		
Charges financières		
Quote-part dans le résultat net des entités associées et coentreprises		
Résultat avant impôt		
Charge d'impôt sur le résultat		
Résultat de l'exercice relatif aux activités maintenues		
Activités abandonnées		
Résultat de l'exercice des activités abandonnées (1)		
Résultat de l'exercice		
Attribuable à :		
Actionnaires de la société mère		
Intérêts minoritaires		
Résultat de base par action		
Activités maintenues		
Activités abandonnées		
Résultat dilué par action		
Activités maintenues		

(1) L'analyse sera donnée dans les notes annexes.

Modèle d'état du résultat net (charges par fonction)

	N	N–1
Activités maintenues		
Produits des activités ordinaires		
Coût des ventes		
Marge brute		
Autres produits		
Coûts commerciaux		
Charges administratives		
Autres charges		
Charges financières		
Quote-part dans le résultat net des entités associées et coentreprises		
Résultat avant impôt		
Charge d'impôt sur le résultat		
Résultat de l'exercice relatif aux activités maintenues		

•••

•••

	N	N–1
Activités abandonnées Résultat de l'exercice des activités abandonnées (1)		
Résultat de l'exercice		
Attribuable à : Actionnaires de la société mère Intérêts minoritaires		
Résultat de base par action Activités maintenues Activités abandonnées Résultat dilué par action Activités maintenues Activités abandonnées		

(1) L'analyse sera donnée dans les notes annexes.

Modèle d'état des autres éléments du résultat global (distinct de l'état du résultat net)

Résultat de l'exercice		
Profits sur réévaluations des immobilisations Titres disponibles à la vente : gains ou pertes portés en capitaux propres Couverture de flux de trésorerie : gains et pertes portés en capitaux propres Différences de change liées aux conversions Autres (à détailler) Impôts sur les éléments portés ou transférés en capitaux propres Total autres éléments du résultat global		
Résultat global		
Attribuable à : Actionnaires de la société mère Intérêts minoritaires		

3 L'état des variations de capitaux propres

L'état des variations des capitaux propres doit présenter :

- le résultat global total de la période, présentant séparément les montants totaux attribuables aux propriétaires de la société mère et aux participations ne donnant pas le contrôle ;
- pour chaque composante des capitaux propres, les effets d'une application rétrospective ou d'un retraitement rétrospectif comptabilisés selon IAS 8 ;
- pour chaque composante des capitaux propres, un rapprochement entre la valeur comptable au début et à la fin de la période, indiquant séparément chaque élément de variation trouvant son origine dans le résultat net, les autres éléments du résultat global, et les transactions avec des propriétaires agissant en cette capacité, présentant séparément les apports des propriétaires et les distributions aux propriétaires ainsi

que les changements dans les participations dans des filiales qui ne donnent pas lieu à une perte de contrôle.

L'entité doit aussi présenter, soit dans l'état des variations des capitaux propres, soit dans les notes, le montant des dividendes comptabilisés au titre des distributions aux propriétaires au cours de la période, ainsi que le montant correspondant par action.

Modèle d'état de variation des capitaux propres

	Capital	Réserves	[......]	Totaux
Bilan au 31.12.N–1 • Effets de changements de méthode comptable				
Bilan corrigé				
Changements capitaux propres en N • Résultat net de la période • Autres éléments du résultat global • Dividendes • Augmentation de capital				
Bilan au 31.12.N				

4 Le tableau de flux de trésorerie

La présentation du tableau de flux de trésorerie consolidé est présentée par la norme IAS 7 « États des flux de trésorerie ».

Le tableau des flux de trésorerie doit présenter les flux de trésorerie de l'exercice classés en activités opérationnelles, d'investissement et de financement.

Les flux de trésorerie liés aux activités opérationnelles sont présentés selon l'une de deux méthodes suivantes :

- la méthode directe, suivant laquelle les principales catégories d'entrées et de sorties de trésorerie brutes sont présentées ;
- la méthode indirecte, suivant laquelle le résultat net est ajusté des effets des transactions sans effet de trésorerie, de tout décalage ou régularisation d'entrées ou de sorties de trésorerie opérationnelle passées ou futures liés à l'exploitation et des éléments de produits ou de charges liés aux flux de trésorerie concernant les investissements ou le financement.

Modèle de tableau de flux de trésorerie (méthode indirecte)

	N	N–1
Flux de trésorerie provenant des activités opérationnelles Résultat avant impôt + Ajustement pour amortissements et provisions + Charges financières – Produits financiers ± Résultat de change ± Variation besoin de fonds de roulement opérationnel – Intérêts (sur activités opérationnelles) payés – Impôt sur le résultat payé		
Flux net de trésorerie provenant des activités opérationnelles		
Flux de trésorerie provenant des activités d'investissement – Acquisitions filiales sous déduction trésorerie acquise – Acquisitions d'immobilisations + Cessions d'immobilisations + Produits financiers reçus		
Flux net de trésorerie provenant des activités d'investissement		
Flux de trésorerie provenant des activités de financement + Augmentation de capital + Encaissements provenant d'emprunts à long terme ou de contrats de location-financement – Remboursements provenant d'emprunts à long terme ou de contrats de location-financement – Dividendes versés		
Flux net de trésorerie provenant des activités de financement		
Variation nette de trésorerie ou d'équivalents de trésorerie		
Trésorerie ou équivalents de trésorerie à l'ouverture de l'exercice		
Trésorerie ou équivalents de trésorerie à la clôture de l'exercice		

Modèle de tableau de flux de trésorerie (activités opérationnelles, méthode directe)

	N	N–1
Flux de trésorerie provenant des activités opérationnelles Encaissements reçus des clients Autres encaissements – Sommes versées aux fournisseurs et au personnel – Sommes versées à d'autres tiers = Flux de trésorerie provenant des activités opérationnelles – Intérêts payés – Impôt sur le résultat payé		
Flux net de trésorerie provenant des activités opérationnelles		

5 Les notes annexes

a. Structure des notes annexes

- Les notes doivent :
  - présenter des informations sur la base d'établissement des états financiers et sur les méthodes comptables spécifiques utilisées ;
  - indiquer les informations imposées par les IFRS qui ne sont pas présentées par ailleurs dans les états financiers ;
  - fournir des informations supplémentaires qui ne sont pas présentées par ailleurs dans les états financiers, mais qui sont pertinentes pour les comprendre.
- Les notes annexes doivent faire l'objet d'une présentation organisée de façon systématique. Chacun des postes de l'état de situation financière (bilan), de l'état du résultat net et des autres éléments du résultat global, de l'état des variations des capitaux propres et du tableau des flux de trésorerie doit renvoyer à l'information correspondante dans les notes.

b. Informations à fournir sur les méthodes comptables

Dans son résumé des principales méthodes comptables, une entité doit donner des informations sur :

- la (les) base(s) d'évaluation utilisée(s) pour l'établissement des états financiers (coût historique, coût actuel, valeur nette de réalisation, juste valeur ou valeur recouvrable...) ;
- les autres méthodes comptables utilisées nécessaires à une bonne compréhension des états financiers.

c. Information sectorielle

La norme IFRS 8 impose aux entités dont les titres de capitaux propres ou d'emprunts sont négociés sur un marché organisé ou sont en cours d'émission sur un marché public de valeurs mobilières de présenter une information par secteur opérationnel de l'entité.

Un secteur opérationnel est une composante d'une entité :

- qui se livre à des activités à partir desquelles elle est susceptible d'acquérir des produits des activités ordinaires et d'encourir des charges ;
- dont les résultats opérationnels sont régulièrement examinés par le principal décideur opérationnel de l'entité en vue de prendre des décisions en matière de ressources à affecter au secteur et d'évaluer sa performance ;
- pour laquelle des informations financières isolées sont disponibles.

Index

Les nombres indiqués renvoient aux numéros de fiches

F

G

I

J

L

M

N

O

P

R

S

74628 - (I) - (2) - OSB 80° - P 355 - BPA - JME
Imprimerie CHIRAT - 42540 Saint-Just-la-Pendue

Dépôt légal : avril 2016
N° 201602.0425

Imprimé en France